U0100421

大展好書　好書大展
品嘗好書　冠群可期

中華傳統武術 6

武當太極拳與盤手20法

裴錫榮 主編

施祖谷、韓明華
孫 詩、吳忠賢 協編

申大瑋 繪圖

大展出版社有限公司

總　序

　　中華民族有著燦爛的文化寶庫，武術是其中一顆璀璨珠璣。悠久的中華傳統武術文化，爲保家衛國、強身健體、祛病延年作出過極大貢獻。縱觀歷史長卷，溯自黃帝時代就有了「干」與「戈」，軒轅皇帝乃習用干戈以征不享（《史記·五帝》），殷、商、周時代便有了角鬥（《周禮·月令》）。秦興角斛，漢有手搏，隋唐、兩宋興武舉、協武校（《唐書·選舉志》《宋史·選舉志》）。元、明、清時代武術較爲普遍盛行。隨著歷史文化的發展與社會制度的更迭，武術在這漫長歲月裡，幾經盛衰，走過了一段曲折的路程，表現出了頑強的生命力。

　　中華傳統武術文化首次在世界人民面前亮相，是在 1936 年德國柏林召開的第十一屆奧林匹克運動會上。當時中國派出了武術代表隊，由前中央國術館組隊並邀請鄭懷賢武術教授共同參加了奧運大會。在會上中國武術隊表演了「武當劍法」「叉術」及傳統徒手套路等精彩節目，爲本屆奧運會增添了嶄新的花絮，給各國運動員和觀眾留下了印象。會後代表隊又在漢堡等地做了多場巡回演出，受到了德國人民的友好稱讚。

　　1949 年，中華人民共和國宣布成立，給中華傳統

武術帶來了春天般的勃勃生機。武術運動在黨和政府的關懷下，得到了迅猛的發展。中華武術不僅成為人民大眾強身健體的鍛鍊項目，而且已經走進了亞運會的殿堂。傳統武術的挖掘、整理工作也取得了顯著成果，出版的武術書籍如雨後春筍，對我國武術事業的繁榮起了承先啟後的作用。

中國武術拳種繁多。世界各國的武術社團及武術愛好者，相繼來到中國學習中華武術和交流取經；中國的武術運動員、教練員也不斷走出國門，參加國際武術比賽傳授武術，進行各種武術文化交流。武術源於中國，屬於世界。1990 年「國際武術聯合會」順應武術蓬勃發展的形勢而成立。中國武術正邁向奧運。

中華傳統武術文化是一種以人為對象的人文科學，它集健身祛病、技擊攻防和自娛娛人等藝術價值為一體，匯東方文化於一身，具有獨特的研究價值。它不僅是一種形體鍛鍊和精、氣、神的內在運動，更是一種精神陶冶。

時逢盛世，全面、深入地整理、繼承和發揚中華傳統文化遺產，吸取其精華，推陳出新，是歷史賦予我們的使命。為此我們編輯了《中華傳統武術》叢書。

本書收入了各家各派的武術優秀拳械套路，可謂百花齊放，四海一家，我武維揚，是為序。本套叢書預計包括：

（一）中華古今兵械圖考

（二）武當劍

本書在編寫過程中，承蒙上海市武術協會、上海武術院、上海市氣功科學研究會的大力支持，在此表示謝意。

《中華傳統武術》叢書編委會

目　錄

武當太極拳

　　本書插圖方向，以面朝東為基
礎。遇有背或側背讀者的動作時，
由於為了表現雙手的動作，未按動
作的實際方位畫插圖。實際方向在
文、圖中均已註明。書後附有動作
示意路線圖，供讀者參考。

武當太極拳之淵源

裴錫榮

北崇少林，南尊武當。天下功夫出少林，內家功夫出武當，這是武術名言。歷史上十三棍僧救唐王，少林寺成了名剎，少林拳也因此而名揚天下。武當山自古以來就是修煉聖地，據說周朝的尹喜、晉代的謝允、唐代的呂純陽、明代的張三豐、清代的徐本善等高手均出自武當山。

明成祖即位後，推崇道教，在武當山大興土木達十年之久，建成八宮、二觀、三十六庵堂、七十二岩廟、十二亭臺和三十九座橋樑，共建房二千餘間，建築面積達 160 餘萬平方公尺，綿延 70 餘萬公里，規模之大，氣勢磅礴，雕鑄細膩，技術之精，蔚為壯觀。

1931 年賀龍將軍率領紅三軍由洪湖撤退到武當山休整，武當山道總徐本善率武當山道人千餘人迎接紅三軍於山下數十里之外，進駐武當山，賀龍將軍住在紫霄宮父母殿側房內，至今留有革命遺址。

徐本善為了使紅三軍槍彈糧草得到供給，經常率武道人去老河口劫取敵人彈藥糧物供給紅三軍休整防敵圍剿之用，使紅三軍得到休整，而後突破敵人的圍剿安全撤離武當山。賀龍將軍還向徐本善學習了武當太極拳。

徐本善（1860～1932）號偉樵，武當山道總。清光緒皇

帝封其為「乾乙真人」。徐本善武藝高強，精通武當拳種，繼承了張三豐的「八門五手十三勢太極拳」「武當盤手法」「武當劍法」等拳械。

就太極拳而言，它的起源，傳說有幾種：①唐代許宣平、李道子所傳；②元末明初張三豐所創；③明初河南溫縣人，陳家溝陳氏始祖陳卜所創；④清乾隆年間山西人王宗岳所創。據現代武術理論家唐豪考證，太極拳為明末清初溫縣陳家溝陳王廷所創。

為了這個問題，1929 年杭州全國擂臺賽時，中央國術館副館長李景林派副裁判長傅劍秋去武當山調查考證。

當時我作為傅劍秋的門徒一同前往武當山。一路上披荊斬棘，遇匪交鋒，歷盡艱辛，到了武當山紫霄宮，受到徐本善道總熱情禮待。徐道總與傅劍秋老師談經論武，相談甚歡，二人以武會友方式，作了武藝交流，最後，傅劍秋老師拜在徐道總門下學習了武當太極拳和劍法以及盤手法等拳械。

傅劍秋老師向徐道總詢及「八門」「五手」「十三勢」的涵義時，徐道總告以八門為八卦的乾、坎、艮、震、巽、離、坤、兌。五手為金、水、木、火、土。十三勢為掤、捋、擠、按、採、挒、肘、靠、左顧、右盼、中定及前進、後退。

所謂「八門」即練拳時走八卦的八門方向；「五手」是練功時手法上表現五行金、水、木、火、土。

在徐道總協助下我們翻閱了武當山收藏的《雲水集》載有：「八門五手雲龍手，身背寶劍唱道歌；歸隱岩下修道業，太極陰陽奧無邊。」徐道總介紹說張三豐根據宋代周敦

頤發明的「太極陰陽圖」創編了「八門五手十三勢太極拳」。簡稱「武當拳」。明英宗正統元年（1436）封張三豐為「通微顯化真人」，成化二十二年（1487）又封張三豐為「韜光尚志真仙」。

我們在武當山學習武當拳械及調查考證後，帶回來一些資料，除交李景林副館長外，尚留有少數資料保存至今。當時，李景林副館長召集了楊澄甫、孫祿堂、杜心武、劉百川、高振東、黃文叔、褚桂亭、王薌齋、張兆東等武術名家作了研究，把該「武當拳」命名為「武當太極拳」。研究後拍了集體團體照片保存至今。當時，各派「太極拳」風行全國，而「武當太極拳」還是新的發現，人們對它認識也不夠成熟，所以未能得到廣泛傳播。

解放後，我又去武當山會晤了 1929 年我們去武當山跟隨徐本善道總的再傳弟子王教化道長，解放後他擔任全國道教協會副會長、政協委員。並邀請我與金子弢（愛新覺羅・溥儇）去丹江口傳功，當時我擔任了「武當山武當拳法研究會」副理事長，後為顧問。

本書在編輯過程中，蒙郭瑞祥師兄不吝教正，在此表示謝意。本書插圖坐標為

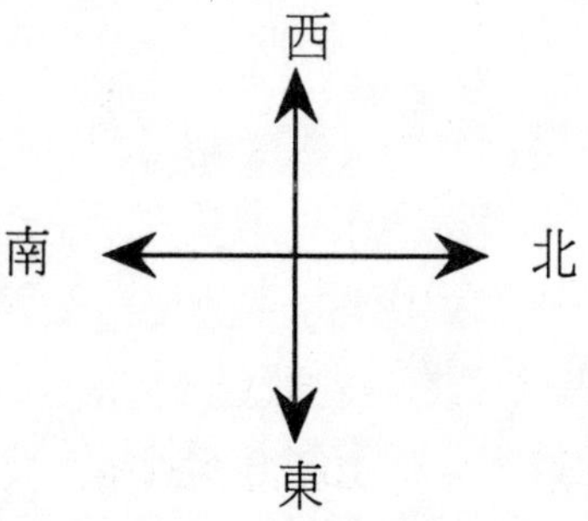

起勢為面向東

武當太極拳

1. 無極勢

自然站立姿勢，兩腳跟併攏，兩腳尖離開約 60°，頭正身直，虛靈頂頸，舌抵上腭，齒微扣，口微閉，目平視，精神貫注。兩手左右分開，自然下垂於身體兩側，兩手的中指輕輕按於兩腿的「風市」穴。兩腳踏地，以意念吸採天地之靈氣。目平視（圖1）。

圖1　無極勢（面向東）

【拳理】：練時，要做到虛靈頂頸，含胸拔背，氣沉丹田，尾閭中正。全身放鬆，「百會」與「會陰」穴上下成一條垂直線，呼吸自然。

無極雖可名之為無，但無中涵有。也形容「道」的無形無象，不可窮極。

【要求】：練太極拳和練氣功的健身效果同樣，但練氣功不慎則出偏，甚至走火入魔，而練太極拳則無此弊。太極拳除有健身作用之外，還含有技擊自衛之意。練太極拳和練氣功的要求是一致的，練功時要鬆靜自然。「鬆」是虛靈；「靜」是安定，即是要求在練功當中把「元神」和「識神」掌握好。人的右大腦為元神之府；左大腦為識神之居。練功時要抑制識神，發揮元神之作用。抑制識神就是把七情的喜、怒、憂、思、悲、恐、驚消滅於練功之中，也就是止於「靜」字。知止而後有定，定而後能靜，靜而後能安，安而後能慮，慮而後能得。練功力爭做到：（1）「八要」，（2）「和合四象」，（3）「踵息」。

（1）**八要**是：一要心定；二要神寧；三要心安；四要清靜；五要無物；六要氣行；七要絕相；八要覺明。

（2）**和合四象**是：在練功中要求眼、耳、鼻、舌處於一種特定狀態。它來源於宋代張伯端的《金丹四百字序》中，「含眼光，凝耳韻，調鼻息，緘舌氣」，謂之「和合四象」。含眼光是指靜坐或站樁時兩眼垂簾內視。凝耳韻是：「忘聲返聽」不為外界聲音所吸引。調鼻息是：把呼吸調柔細勻，綿綿細細。緘舌氣是：息舌寧心，舌抵上腭，使口中津液下降，從而達到升清降濁之效。

（3）**踵息**是指深長的呼吸。源出《莊子·大宗師》，

「古之真人……其息深深。真人之息以踵，眾人之息以喉。」踵息為深息，喉息為淺息，兩者相對而言。踵息即「其息深深」之意，把呼吸直達於足踵。《道樞·呼吸篇》說：「真人之息則以其踵是何也？斯貴其深考歟！」

【古典】：「一陰一陽之謂道」（《周易·繫辭上》）。「太極者，無極而生，陰陽之母也」，所謂太極，古人「謂天地未分之前，元氣混而為一，即太極、太一也」（《易繫辭》）。

【經典】：「以心行氣，務令氣沉，乃能收斂入骨」（《太極拳·行功心解》）。

【註】：心藏神，主血。為五臟六腑之主。《素問·靈蘭秘典論》說：「心者君主之官也，神明出焉……」

2. 太極勢

【動勢】：

兩腳分開與肩同寬，三線放鬆，三丹入靜，神宜內斂。

由無極勢的立正姿勢起，將兩腳左右分開與兩肩的寬度相等，稱之為「太極勢」（圖2）。

三線放鬆是：

第一條線為「足陽明胃經」，由「承泣」穴起至兩腳的「歷兌」穴止，凡45

圖2　太極勢

穴，節節放鬆；

第二條線為「手少陽三焦經」，由「絲竹空」穴至兩手的「關衝」穴止。凡 23 穴，節節放鬆；

第三條線為「足太陽膀胱經」，由「睛明」穴起至兩足的「至陰」穴止。凡 67 穴，節節放鬆。

三丹入靜：即「上丹」「中丹」「下丹」均要入靜。

【拳理】：《周易・繫辭》：「《易》有太極，是生兩儀，兩儀生四象，四象生八卦。」《太極圖說》：「無極而太極，太極動而生陽，動極而靜，靜而生陰，靜極復動，一靜一動，互為其根。」

【經典】：「以氣運身，務令順遂，乃能便利從心」（《太極拳・行功心解》）。

【註】：練功當中氣能隨心意而運動，貫通周身血脈。氣為血之帥，其根仍在心也。

3. 三花聚頂

【動勢】：

承上勢。兩手臂左右側起，起時意想兩大拇指的「少商」穴吸採天氣。兩手起至頭前上方時，兩手掌心向外意想吸採宇宙之靈氣（圖3）。

上動不停，做「三花聚頂」動作。三花聚頂是指精、氣、神聚於頭頂之上。精曰玉花，氣曰金花，神曰蓮花。兩手掌至頭之上方時，向兩側左右分開，再向前旋弧合掌，同時口念「玉色的花」（圖4），接著，再旋弧合掌一次，口念「金色的花」。再重複上面動作一次，口念「九朵蓮花」（圖3、4）。

圖3　三花聚頂

圖4　三花聚頂

上動不停，兩手左右分開在身體的兩側下落，落至兩胯時，兩手掌心向內沿肝膽經上摩，摩至腋下，再轉入「膻中」穴部位由身體右方下摩，摩至下丹田部位時，再向左摩按，再向上方摩按，摩至乳部時，再轉「膻中」向下直線下摩。名曰「向下降丹」（圖5）。

圖5　三花聚頂

【口令詞】：兩臂左右側起，大拇指上領吸採天氣，兩手舉至頭前上方，做「三花聚頂」：1. 玉色的花；2. 金色的花；3. 九朵蓮花。兩手左右分開，體側下落，兩手再沿肝膽經上摩至腋下，轉入膻中，再由右向下、向左、向上至膻中，向下降丹。

【拳理】：精、氣、神人體之三寶。練本功能使人體精滿、氣足、神旺。功夫練到還虛階段，如草之開花，行將結子，而還精補腦也。《三豐全集》有：「三花聚頂逐時新，五氣朝元值日長。」

【經典】：精神能提得起，則無遲重之虞，所謂「頂頭懸也」（《太極拳・行功心解》）。

【註】：兩目平視，下頷微收而頭正，則虛靈而頂頸，精神自然貫注而無偏重之弊也。

4. 馬步推掌

【動勢】：

承上勢。左腳向左橫開一大步（三橫腳寬）變馬步，雙

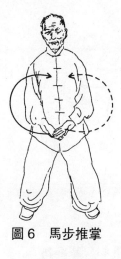

圖6　馬步推掌

圖7　馬步推掌

圖8　馬步推掌

圖9　馬步推掌

手掌心向上（圖6），指尖對準帶脈由內向外旋弧旋至胸前
（圖7），左上右下抱球（圖8），然後左手掌心向下向前
推出，接著，右掌由下畫弧向前推出，同時，左掌畫弧向下
置於腹前，掌心朝上（圖9）；左掌由下畫弧向前推出，右

圖10　馬步推掌　　　　　　圖11　單鞭勢

掌下落於腹前（圖10），共推三次。目視前方，精神貫
注，兩腿支撐，重心落於雙腿中間。

　　【口令詞】：開左步變馬步，雙手胸前抱球，左上右下
向前推掌1、2、3。

　　【拳理】：兩臂向前推掌時，兩肩不可聳起，馬步的重
心落於兩腿中間，屈膝鬆腰，臀部不可突出。

　　【要求】：練太極拳時，主要須立身中正，鬆靜安舒，
支撐八面，不使身體各部失中，四肢動作不論如何轉換，左
旋，右轉，自頭部至軀幹始終須形成一條垂直線。

　　【經典】：《太極拳總論》：「純陰無陽是軟手，純陽
無陰是硬手。一陰九陽根頭棍，二陰八陽是散手，三陰七陽
猶覺硬，四陰六陽是好手，惟有五陰併五陽，陰陽無偏是妙
手，妙手一著一太極，空空跡化歸烏有。」

圖 12　單鞭勢　　　　　　　圖 13　單鞭勢

5. 單鞭勢

【動勢】：

承上勢。左腳收於右腳內側成丁步；同時，左手向左向下畫弧下按於左胯側，右手向右向上旋轉上托於右上方（圖11）；雙膝微屈，同時雙手向左旋弧採氣（圖12）；開左步成馬步，同時，右手變勾手，左掌右旋向右手貫氣，然後雙臂向兩邊分開，成單鞭勢，精神貫注，目視前方（圖13）。

【口令詞】：左腳收回成丁步，雙手左下右上採氣，雙手向左旋弧，雙手採地氣，開左步變馬襠，右手變勾，左手向右手貫氣，然後分開成單鞭勢。

【拳理】：《易經・繫辭（上、下）》：「一陰一陽之謂道，生生之謂易。易與天地準，動靜有常，剛柔斷矣。在

天成象，在地成形，變化見矣。易窮則變，變則通，通則久。」

【經典】：「意氣須換得靈，乃有圓活之趣，所謂變動虛實也。」（《太極拳‧行功心解》）。

【註】：練功時，每一個動作的身手，都有主賓之分，如能隨機換意，互為主賓，意之所至，氣即隨之，是謂之靈。意在左則左為實，意在右則右為實。能將意隨動作而調之，是謂之活。內外順遂，是謂之圓。能得順遂之變換，亦即虛實之變化也。

6. 懷中抱月

【動勢】：

左腳收至右腳側成丁步，同時，右手變掌旋至右上方，掌心朝前，左手向右畫弧，雙手掌心相對，上下分絡（分經絡）右上左下（圖14），身體下蹲、左手向左下伸展採地

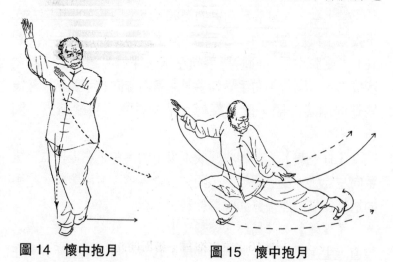

圖14　懷中抱月　　　　圖15　懷中抱月

氣，同時左腿向左側伸出變仆步，重心落在右腿（圖15），左腳向左擺，然後左腿慢慢向前弓挺，身體慢慢站起，同時左手掌心向外沿左腿內側經足部向前穿，右手隨之下落向前畫弧，手至體側時右腳移至左腿前面，然後雙手左右弧形收採宇宙之外氣合抱於胸前，成抱月勢，同時目視前方（圖16）。

【口令詞】：左腳收回成丁步，雙手分絡，左腿變仆步，雙手左右弧形採外氣，右腳移至前面成虛步，雙手抱於胸前成抱月勢。

【拳理】：練拳盤架當中，津液發散於身體肌腠之外者便是汗。《靈樞·決氣》說：「腠理發洩，汗出溱溱，是謂津。」津液和血都源於水穀精微，而津液和血液又可互相滲透，血量不足時，津液就於血管而增加血量，這是練拳當中所特有的情況。

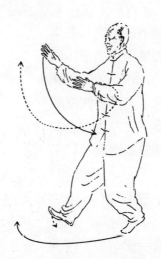

圖16　懷中抱月（應面向北）

【經典】：「先在心，後在身，復鬆淨，氣斂入骨，神舒體靜。」（《太極拳·行功心解》）。

【註】：凡起架子，以心意為本，身體為末。即以心行氣，以氣運身之謂也。身體放鬆，而心要存想空洞無物，則一切方可由腰脊而動，是之謂也。此練拳之不二法門，應時時刻刻銘於心也。

7. 左右斜行拗步

【動勢】：

承上勢。右手掌心向下畫弧採地氣下摟至腹，左手掌心向上畫弧採天氣至與肩平，同時，右腳略內轉，左腳向左前方上步（圖17）；左手掌心向下沿腿內側摟膝後變勾手位於左腳上方與肩平，右手由下向上旋與肩平變掌向左勾手貫氣，同時左腳向左繞進成馬步（圖18）；兩手分開，身體右轉成單鞭勢（圖19）。左手掌心向下畫弧採地氣下摟至腹；右手掌心向上畫弧採天氣至與肩平，同時右腿向右前上步成斜馬步（圖20），右手掌心向下沿腿內側摟膝後變勾手，高與肩平，左手向右勾手貫氣後回至左側成單鞭勢。目平視前方（圖21）。

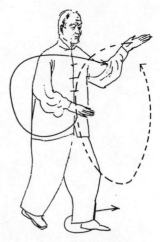

圖 17　左右斜行拗步

【口令詞】：左手掌心向上收天氣，右手掌心向下採地氣，開左步變馬襠，左手摟膝變勾手，右手向左手貫氣，然後分開成單鞭勢。

圖18　左右斜行拗步
（面向東北）

圖19　左右斜行拗步
（應面向東北方）

圖20　左右斜行拗步
（應面向西北方）

圖21　左右斜行拗步
（應面向西北）

右手掌心向上收天氣，左手掌心向下採地氣，開右步變馬襠，右手摟膝變勾手，左手向右手貫氣，然後分開成單鞭勢。

【拳理】：身、手、腳動作時要上下協調，不可散亂，或歪斜俯仰，以致不能上下相隨。

【要領】：人身陰陽平衡，氣血周流全身，不但靠心氣的鼓動，心血的充盈，脈道的約束，肺氣的呼吸調節，還需肝臟疏泄的作用調節，使氣機升降有序，調達適度，乃至氣血和順，陰平陽秘。

【經典】：「行氣如九曲珠，無微不到。」（《太極拳·行功心解》）。

【註】：所謂「九曲珠」乃指人體三節九竅也。以身體而言，頭為梢節，身為中節，腿腳為根節；以腿而言，腳為梢節，膝為中節，胯為根節；以臂而言，則手為梢節，肘為中節，肩為根節。至於九竅，「百會」為梢節竅，「膻中」為中節竅，小腹（下丹田）為根節竅；以腿而言，「湧泉」為梢節竅，「陽陵泉」為中節竅，「環跳」為根節竅；以臂而言，「勞宮」為梢節竅，「曲池」為中節竅，「肩井」為根竅也。

8.如封似閉

【動勢】：

承上勢。左掌向下畫弧至腹前，掌心朝上，同時右掌畫弧至胸前，雙掌右上左下相對抱球，同時，右腳收於左腳邊成丁步（圖22）；然後身體左轉，右掌外旋變為掌心向下，左掌上旋，掌心朝前（圖23）；左掌變拳下按，右掌

圖 22　如封似閉（應面向北）

圖 23　如封似閉

圖 24　如封似閉

圖 25　如封似閉（應面向北）

上提至腹前；同時，右腳跟落地，左腳上步成弓步（圖24）；右掌變握拳向前沖出，同時向前上左步，向前沖捶時左手變掌扶於右拳的腕部（圖25）。

上動不停。雙手右上左下交叉兩手心向上回抽至胸，回抽時身體後坐，然後雙掌左右分開，掌心向外向前推出，定型時雙腿成左弓步，目視前方（圖26）。

圖26　如封似閉
（應面向北）

【口令詞】：雙掌右上左下抱球，右掌外旋變拳向前沖出，上左步，左手扶於右腕部。雙手掌心向上交叉回抽，身體後坐，雙掌向前推出。

【拳理】：拳掌變換時要與身體協調，並注意三節九竅之相隨。所謂梢節起，中節隨，根節追，以達到身手一致、上下相合之意。

【經典】：「縱放屈伸人莫知，諸靠纏繞我皆依。劈打推壓得進步，搬搕橫採也難敵。鈎掤逼攬人人曉，閃驚取巧有誰知，佯輸詐走誰云敗，引誘回沖制勝歸。滾拴搭掃靈微妙，橫直劈砍奇更奇，截進遮攔穿心肘，迎風接步紅炮捶。二換掃壓掛面腳，左右邊簪莊跟隨，截前壓後無縫鎖，聲東擊西要熟識。上籠下提君須記，進攻退閃莫遲遲，藏頭蓋面天下有，攢心剁脅世間稀。教師不識此中理，難將武藝論高低。」

【註】：此歌見於陳氏兩儀堂本拳譜。歌詞頗受戚繼光《拳經》之影響。總括太極拳五路、長拳一百八勢一路及陳氏炮捶一路之理法。唐豪考定為陳王廷原著。

9. 左右玉女穿梭

【動勢】：

承上勢。

（1）右勢：右腳向前上步位於左腳的右側成丁步，然後右腳跟落地，同時左腳跟提起；雙手右上左下掌心相對抱球旋繞，然後旋至右下左上抱球形式（圖27）。接著，左腳跟落地，右腳向右前方上步，同時右手向右前方挑掌，然後右手掌心向外置於頭之右方，左掌手心向外向前推出置於右掌下，目視前方（圖28）。

（2）左勢：上動不停，左腳上步位於右腳左側成丁步，然後左腳跟落地，同時右腳跟提起；雙手左上右下掌心相對抱球旋繞，然後左掌旋至下面，右掌旋至上面，仍成抱球姿勢（圖29）。右

圖27　左右玉女穿梭
（應面向北）

圖28　左右玉女穿梭
（應面向北）

腳跟落地，同時左腳向左前方上步，左手向左方挑掌置於頭之左方，右手掌心向外向前推出置於左手下，重心置於兩腿中間，目視右手（圖30）。

【口令詞】：右腳上步成丁步，雙手右上左下抱球，旋球成左上右下，上右步挑右掌，向前推左掌。左腳上步成丁步，雙手左上右下抱球，然後左手旋至下面，右手旋至上面抱球，左手上挑，右手前推，同時上左步。

【拳理】：旋球時，要走弧形旋轉動作，而不致兩手僵硬，轉身時不可太快，腳步要靈活，進退要自如不亂。

【經典】：「太極拳，纏法也。纏法如螺絲形運於肌膚之上，平時運動恆用此勁，故與人交手，自然此勁行手肌膚之上，而不自如，非久於其道不能也。其法有：進纏，退纏；左纏，右纏，上纏，下纏；裡纏，外纏；順纏，逆纏；

圖29　左右玉女穿梭　　　圖30　左右玉女穿梭
　（應面向北）

大纏，小纏。而要莫非以中氣行手其間，即引即進，皆陰陽互為其根之理也。或以為軟手；手軟何能接物應事？若但以跡象觀之，以手不失於硬，故以為軟手。其周身規矩；頂勁上領，襠勁下去（要撐圓，要合住）；兩肩鬆下，兩肘沉下，兩手合住，胸向前合；目勿旁視，以手在前者為準；頂不可倒塌，胸中沉心靜氣；兩膝合住勁，腰勁下去；兩足常用鉤勁，須前後合住勁，外面之形，秀若處女，不可帶猖狂氣，一片幽閑之神，盡是大雅風規。至於手中，其權衡皆本於心，物來順應，自然合進退、緩急、輕重之宜。此太極拳之陰陽相停，無少偏倚，而為開合之妙用也。其為道豈淺鮮哉！」（陳鑫《太極拳發蒙纏絲勁論》）

10. 左右掤勢

【動勢】：

承上勢。右腳向右擺步，左腳向右腳前上步，同時體由右向後轉身 180°；同時，雙手畫弧旋轉成手心相對抱球，旋至左上右下，掌心相對（圖 31）；向右上掤，右手向右掤時，左掌隨之向後拉勁，同時上右腳成右弓步（圖 32）；接著，身體後坐，雙手旋轉使掌心相對抱球，身體轉正，雙手旋至右上左下，掌心相對抱

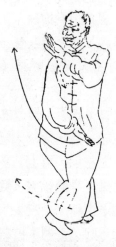

圖 31　左右掤勢（面向南）

圖 32　左右掤勢

圖 33　左右掤勢（面向南）

球，再向左前方上左步，左手向前方上掤（圖33），接著，身體稍後坐，雙手右上左下掌心相對抱球，再雙手旋至右下左上變為雙拳交叉於胸前。目視雙拳（圖34）。

【口令詞】：雙掌右上左下抱球，體向後轉，雙掌旋轉，上左步，再上右步，向右上掤，身體後坐，雙掌左上右下抱球，上左步，雙

圖 34　左右掤勢（面向南）

掌旋球，向左上掤，再右上左下抱球，雙掌旋至右下左上變為雙拳，抱於胸前交叉。

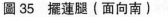

圖35　擺蓮腿（面向南）

圖36　擺蓮腿

【拳理】：雙掌左右抱球旋轉時，要上下相隨，腳手配合，內外協調，呼吸自然，步法靈活，精神貫注，節節貫串。

【經典】：「形似搏兔之鶻，神如捕鼠之貓。」（《太極拳・行功心解》）

【註】：練拳時其精神為凌空搏兔之鶻鳥，盤旋天空，蓄勢待發，又似伏地捕鼠之貓，伺機待發。

11. 擺蓮腿

【動勢】：

承上勢。雙拳變掌，由右向左旋弧，同時右腿由左向右旋起至肩高，雙掌同時拍打腳之右面，拍打時發出啪噠的擊打聲（圖35）。拍打右腳後，右腳仍然落至前面。雙掌掌心相對向前直指，目視前方，精神貫注（圖36）。

【拳理】：練太極拳有靜有動，動靜相間。靜如山岳，動如流水。太極拳套路中的「擺蓮」動作要乾淨俐落，不能拖泥帶水。在擺蓮時右腳要起與肩高。

【經典】：「一動無不動，一靜無不靜，牽動往來，氣貼脊背而動之。」（《太極拳・行功心解》）

【註】：以脊柱作為中心，動時全身無不動，靜時全身無不靜，立身中正而不偏也。

12. 左右仆步穿掌

【動勢】：

承上勢。右腳收至左腳右側成丁步，右掌收至身體左腋，左掌由右臂內穿出變鉤手（圖37）；右腿向右伸，身體下蹲，右腿變仆步同時右掌下穿，左手變掌（圖38）。重心向右移使身體站起向右轉身45°，左腳收至右腳左側成

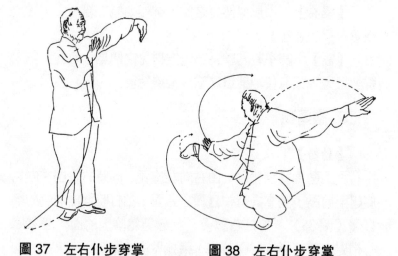

圖37　左右仆步穿掌　　　圖38　左右仆步穿掌

丁步，然後右掌由左臂內穿出變鉤手，同時左掌收至身體右側（圖39）；身體下蹲，左腿向左伸變仆步，同時左掌下穿，右手變掌（圖40），再立起，同時雙手向前畫弧成左

圖39　左右仆步穿掌（面向北）

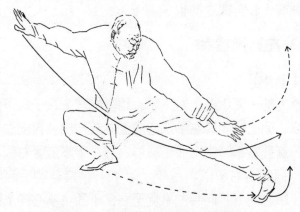

圖40　左右仆步穿掌（面向西）

上右下掌心相對抱球（圖
41）。

【口令詞】：收右腳，
左穿掌，右腿變仆步，身體
右轉，收左腳，右穿掌，左
腿變仆步，再成左弓步，雙
手左上右下掌心相對抱球。

【拳理】：本節有丁
步、仆步、弓步等步法，動
作時手腳要協調，肘胯相
隨，不能脫離。本節動作時
要上下一致。

圖41　左右仆步穿掌

【經典】：「蓄勁如張弓，發勁如放箭。」（《太極
拳·行功心解》）

【註】：蓄勁時如引滿弓弦，把弓背彈性增大，如含胸
拔背之勢。但發勁時則如放箭，古代名將李廣射箭時疑石為
虎，則有金石為開之勢也。

13. 左右前雲手

【動勢】：

承上勢。雙手左上右下掌心相對抱球，左手向下畫弧至
腹成掌心朝上，同時右手掌心向上向前伸出，再向右旋翻右
手掌，旋翻右掌時由上而下弧形右旋，手掌旋至右側，掌心
向下；同時上右步成右弓步（圖42）。接著右手回收畫弧
至胸，掌心向下，同時左掌旋至右掌下面，掌心向上抱球；
同時左腳上至右腳側（圖43）；再左掌向前伸出，手掌向

圖 42　左前雲手　　　　　　圖 43　右前雲手

上向左旋弧，掌心向下，右手向下畫弧至腹成掌心向上；同時上左步成左弓步。左掌向左旋弧後，變為掌心向下（圖44）。以上為左右前雲手各一次，可重複此動作，即上動不停，右掌旋至左掌下面，掌心向上抱球，再向右弧形旋掌，上右步成弓步。左掌再重複上面動作一趟。共做左、右四次前雲手。

【口令詞】：雙手左上右下掌心相對抱球，右手向右旋掌，抱球。左手向左旋掌，同時上左步成

圖 44　左右前雲手

左弓步，抱球，右手向右旋掌，上右步成右弓步，抱球，左手向左旋掌，上左步成左弓步。

【拳理】：太極拳的雲手動作一般都是左右進行的，而武當太極拳動作多是弧形和旋轉動作，所以前雲手都是弧形旋轉進行的。

【經典】：「曲中求直，蓄而後發。」（《太極拳・行功心解》）

【註】：曲中求直者，乃求意也，非曲直手足之謂也。蓄而後發者，乃積蓄內勁借人之力而後發之也。

14. 十字獨立

【動勢】：

承上勢。右腳屈膝上提，左腿支撐，重心落於左腳。同時雙手畫弧至胸前，左上右下腕部十字相搭，高與胸平成十字獨立勢。目視雙手（圖45）。

【口令詞】：右腿屈膝上提，左腿支撐。雙手十字搭腕。

【拳理】：右腿盡量屈膝上提，左腿支撐全身。重心要穩，不可左右晃動。

【經典】：「力由脊發，步隨身轉。」（《太極拳・行功心解》）

【註】：脊柱內有脊髓通過，腦和脊髓構成神經系統的中樞部分，控制和管理著全身動作，所以

圖45　十字獨立

其根在脊。在動作時步法必須與身體合起來。

15. 雙沖捶

【動勢】：

承上勢。右腳落步同時向地震腳，左腳跟略提，雙掌左右分開，雙掌收至腹前變拳（圖46）；再向前沖出，同時出左腳，沖出時雙手蓄力。目視前方（圖47）。

【口令詞】：右腳落地，雙手分開，震右腳，雙沖捶。

【拳理】：落步分掌，震腳沖拳要連貫一氣，使動作綿裡藏針。

【經典】：「收即是放，放即是收，斷而復連，連而復斷。」（《太極拳・行功心解》）

【註】：上面指的是借人之力而發之，勁斷意不斷也。

圖46 雙沖捶（正面向南）

圖47 雙沖捶（面向南）

圖48　穿掌獨立

16. 穿掌獨立

【動勢】：

承上勢。左腳略提動，隨即雙拳變掌，起右掌向左掌內側穿出，再上右腳，穿左掌，左掌再翻至右掌部位，雙掌左下右上盤花。然後右上左下雙掌如推窗望月斜形分開，同時左腳搭於右膝之上。目視雙手（圖48）。

【口令詞】：右穿掌，左穿掌，雙手盤花，左腳搭於右膝上，雙手右上左下展翅獨立。

【拳理】：左右穿掌要連貫，獨立步子要穩當，不可晃動，動作要合一。

【經典】：「往返動作須有摺迭，進退須有轉換。」（《太極拳·行功心解》）

【註】：一來一往的動作走勁，要綿綿不斷，其往復中

圖 49　回龍掌

間必須摺之而往送之，所謂意上寓下，進退動作須有轉換而
無間斷也。

17. 回龍掌

【動勢】：

承上勢。左腳落步，右腳向左腳前面上一步，雙手同時
向後畫弧至體右側時，右手掌心向上，左手掌心向下，同時
向後方貼身直擊，身體隨之向右後旋轉坐盤。目視雙掌中間
（圖49）。

【口令詞】：左腳落步，右腳前掃，雙掌後伸，身體後
扭。

【拳理】：身體微後仰，右腳向前虛步，左腳在後實
步，雙臂微屈，雙腿鬆沉，頭向後轉，全身協調。

【經典】：「一舉一動，周身須要輕靈，尤須貫串。」

（《太極拳論》）

【註】：練拳一舉一動，頂勁虛懸即為輕，善能變化虛實則為靈，行氣如九曲珠，則可謂節節貫串矣。

18. 蹲身上步

【動勢】：

承上勢。身體向前轉正，重心上移，左腳上步，同時雙手盤花，即左手向右手腕內盤穿；右手向左手外面盤穿，然後蹲身下插，即左腳左擺，右腿屈膝下蹲，同時，右手經體中線向下插掌，左手置於右胸前，雙手左上右下護於體前（圖50）。接著，身體站起，上右步出右掌，右掌指高與肩平，掌心朝前，同時左掌向下按於腹前（圖51）；再上左步出左掌，掌心朝前，指高與肩平，同時右掌弧形下按於

圖50　蹲身上步
（正面朝北）

圖51　蹲身上步
（正面朝北）

腹前（圖52）。

【口令詞】：身體轉正，雙手盤花下坐，身體站起，上右步出右掌，上左步出左掌。

【拳理】：身體前轉，重心前移，左腳提收向前上步，雙手左內右外盤花時要內外結合，動作一致，上步穿掌時要有發勁。

【經典】：「毋使有缺陷處，毋使有凹凸處，毋使有斷續處。」（《太極拳論》）

【註】：動作中有一處缺乏掤勁謂之缺陷，乃不順遂之故。動作中發生棱角謂之凹凸處，動作中途發生中斷，謂之斷續。

圖52　蹲身上步

19. 左右玉女穿梭

【動勢】：

承上勢。右腳向前上步至左腳右側成丁步，左手向下畫弧至腹前成掌心朝上，右手向上畫弧至胸前成掌心朝下，雙手成右上左下掌心相對抱球；接著，右腳跟落地，左腳跟提起，同時雙手旋轉成左上右下抱球（圖53），左腳跟落地，同時右腳向右前方上步，右手掌心向外架於頭之右方，左手掌心向外平胸向前推出（圖54）。

上動不停，左腳向前上步位於右腳的左側成丁步，同時左手畫弧至胸前，右手向下畫弧至腹，然後雙手左上右下掌心相對抱球；接著右腳跟提起，左腳跟落地，同時雙手旋球，左手旋至下面，右手旋至上面（圖55），同時右腳跟

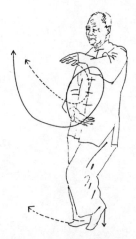

圖53　左右玉女穿梭
（正面朝北）

圖54　左右玉女穿梭
（正面朝北）

落地，左腳向左前方上步，左掌手心向外上架於頭之左方，右手掌心向外平胸向前推出。目視前方（圖56）。

【口令詞】：右腳上步併於左腳，雙手右上左下抱球，旋球，右腳向右前方上步，左掌平胸向前推出。左腳向前上步併於右腳，雙手左上右下抱球，旋球，左腳向左前上步，左手上架，右掌平胸向前推出。

【拳理】：進步時上體要正直，動作要連貫，速度要均勻，上下要相連。右手翻掌時，防止聳肩抬肘。左手前推時，推的速度與右手翻掌等動作要協調一致，同時，左手臂要自然彎屈，勿挺直。

【經典】：「其根在腳，發於腿，主宰於腰，形於手指，由腳而腿而腰，總須完整一氣，向前、向後乃能得機得勢。」

【註】：由腳而起，由腿而動，上至腰脊，轉動腰脊之

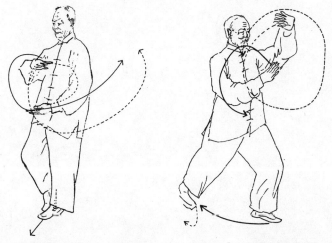

圖55　左右玉女穿梭（正面朝北）　圖56　左右玉女穿梭

軸而達於手指，即全身之三節九竅也。動作如能節節貫串，自能完整一氣也。則前進後退自能得機得勢。

20. 轉身野馬分鬃

【動勢】：

承上勢。右足向右擺，身體向右後轉180°，同時雙掌右上左下抱球，接著左手旋至上面，右手旋至下面，左腳上步至右腳側成丁步（圖57）。上動不停，左腳落地，同時右腳向右前方上步，右手掌心向上向右掤掌，左手向下方拉（圖58）；身體向左轉體，左手向上畫弧至胸，右手向下畫弧至腹，雙手左上右下掌心相對抱球，同時左腳上步位於右腳之左側成丁步，接著右手旋至下面，左手旋至上面，左腳向左前方上步，左手向左前方掤掌，右手向右下方拉（圖59）。上動不停，右腳上步位於左腳右側成丁步，雙手畫弧

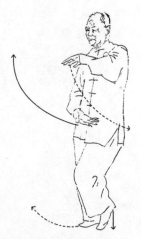

圖57 轉身野馬分鬃

圖58 轉身野馬分鬃

成右上左下掌心相對抱球，接著雙手旋球，右手旋至下面，左手旋至上面，掌心相對；右腳向右前方上步，右手掌心向上向右前方掤掌，同時，左手掌心向下與右掌成拉開狀（圖60）。

【口令詞】：向後轉體，雙手右上左下抱球，上左步再上右步，旋球，向右掤掌。向左轉體，雙手左上右下抱球，上左步，旋球，向左掤掌，向右轉體，雙手右上左下抱球，上右步，旋球，向右掤掌。

【拳理】：野馬分鬃左右掤掌共三次。本功對手三陽、手三陰經的疏通和氣血流通有良好的作用。

【經典】：「有不得機、不得勢之處，身便散亂，其病必於腰間求之，上下左右前後皆然。」（《太極拳論》）

【註】：三節九竅有云：梢節起，中節隨，根節追。說

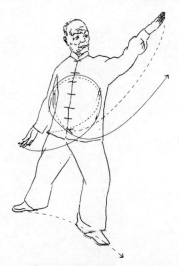

圖 59　轉身野馬分鬃（正面朝南）　　圖 60　轉身野馬分鬃

明根節之重要。倘有不得勢，必係三節不能貫串，致成散亂之病，必須先調整其胯，因胯乃腰腿之中心，腰脊為主宰也。

21. 左蹬腳

【動勢】：

承上勢。右足向右擺，身體向右轉動45°，身體屈膝下蹲，雙腿成交叉坐盤，同時雙手左右畫弧相合，成左內右外交叉合抱（圖61）；然後身體徐徐站起向左方蹬左腳，蹬左腳時右腿用力支撐，同時雙手向兩側分開。目視左腳（圖62）。左腳向左蹬腳時，蹬的高度要與肩同高，蹬勁要達到腳掌部位。蹬腳時雙掌左右分開的含意，是保護自己的左腿，免受敵人擒拿。

【拳理】：蹬左腳時，右腿要微屈站穩，身體不能俯仰

圖61　左蹬腳（正面朝西）

圖62　左蹬腳（正面朝西）

或東西傾斜。兩手左右分開時，要向外畫弧撐臂，兩手掌與肩齊平。蹬腳時速度要快，腳尖勾起，力點在左腳跟部，高於腰，齊於肩，本功對疏通上下肢之經絡及氣血有良好之作用。

【經典】：「有上即有下，有前即有後，有左即有右，如意向上即須寓下意。」（《太極拳論》）

【註】：練拳必須有摺迭之理也，如此四面八方均可以此類推之。此四兩撥千斤之巧也。

22. 單鞭勢

【動勢】：

承上勢。左腳落地，變馬步。馬步的要求要襠圓莊正，身體的重心落於兩腿中間，上體微左轉，左手內旋，手指向上，經面前向左運轉至左肩時再外旋，手心斜向外；同時右手變鉤手內旋，向下經腹部平屈於右肩前，手心斜向外。目視前方成單鞭勢（圖63）。

【拳理】：上體正直，鬆腰、鬆肩、鬆胯，兩手前後畫弧時要隨腰轉動，要前手去後手隨，兩臂相繫，不散亂，同時兩肘微下垂，稱之為鬆肩墜肘。

【經典】：「《太極拳・十大要論之三合》……

圖63　單鞭勢（正面朝西）

夫所謂三合者，心與意合，氣與力合，筋與骨合，內三合也。手與足合，肘與膝合，肩與胯合，外三合也。若以左手與右足相合，左肘與右膝相合，左肩與右胯相合，右三合與左亦然。以頭與手合，手與身合，身與步合，熟非外合。心與目合，肝與筋合，脾與肉合，肺與身合，腎與骨合，熟非內合。然此特以從變而言之也。一動而無不動，一合而無不合也。五臟百骸悉在其中矣。

23. 雲手勢

【動勢】：

承上勢。身體微向右旋，左掌經胸前向右向上畫弧到右肩前，手心斜向外旋至左前方，同時右手變掌畫弧至下丹田處，右腳隨手的動作向左上步（圖64）。上動不停，左腳向左橫跨一步，左手畫弧至腹部，手心斜向外，同時右手翻

圖64 雲手勢

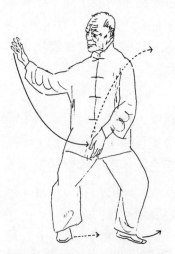

圖65 雲手勢（正面朝西）

轉，掌心隨左掌畫弧旋轉運掌經胸前至右前方（圖65），
左腳向左方橫跨一步，右腳隨左腳橫步前進，同時左手畫弧
經左胸至左前方，右手畫弧至腹部（圖66）。可以接著重
複上動一次。左腳向左橫跨一步，右腳隨之橫步前進，同
時，左手畫弧經胸前至左前方，右手畫弧至右前方變勾手，
成為馬步單鞭勢。目視前方（圖67）。

【拳理】：雲手時，立身中正，以腰為軸，慢慢轉動，
兩臂要隨腰運轉，要圓活自然，兩臂一上一下一左一右先後
運轉，左手為主的右手相隨，右手為主的左手相隨，綿綿不
斷，形似流水。雲手的運轉，對手三陽、手三陰經絡疏通，
能起到良好的作用。

【經典】：《太極拳・十大要論「六進」》：「既知三
合，猶有六進。夫六進者何也？頭為六陽之首，而為周身之
主，五官百骸莫不體此為向背，頭不可不進也。手為先鋒，

圖66　雲手勢（正面朝西）

圖67　雲手勢

根基在膊，膊不進，則手卻不前矣；是膊不可不進也。氣聚於腕，機關在腰，腰不進則氣餒，而不實矣，此所以腰貴於進者也。意貫周身，運動在步，步不進而意則索然無能為也；此所以必取其進也。以及上左必進右，上右必進左。共為六進，此六進者，孰非著力之地歟！要之；未及其進，合周身毫無關動之意，一言其進，統全身全無抽扯之形，六進之道如是而已。」

24. 下穿掌

【動勢】：

承上勢。右手變掌心向上向左掌下面穿出，左掌略回收；左足左擺，右足內扣，身體左轉90°（圖68）；右手翻掌回收，左手翻掌，掌心朝上再向右掌下面穿出（圖69），左右掌互穿共兩次。穿右掌時，左掌輔助相隨，穿左

圖68　下穿掌（正面朝南）

圖69　下穿掌

掌時右掌輔助相隨，務求連貫。目視穿掌動作。精神貫注，綿綿不斷。

【拳理】：穿掌時要注意綿綿不斷，形似流水，兩掌互相配合，左右相隨。

【經典】：「靜如山岳，動若江河。」（《太極拳‧行功心解》）

【註】：靜如山岳，言其形之沉著不浮，一靜無不靜，如山岳之屹立，所謂神宜內斂是也。動似江河，言其動作之波動不停起伏相間，如江河之滔滔不絕，所謂意氣宜鼓蕩也。

25. 擊掌捶

【動勢】：

承上勢。左右雙掌下穿後，左手回抽至腹前，掌心向上，右手變拳，拳心向下蓄勁回抽，抽至右後由下而上高舉至頭上用力向下擊砸左掌之手心，擊砸時用拳面擊打；同時右腳回收併於左腳，併腳時震動右腳。目視擊手動作（圖70）。擊手動作要有力。

【拳理】：擊掌時要蓄勁用力，動作要猛，沉肩墜肘，整個動作要完整。

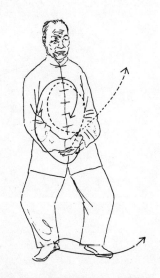

圖70　擊掌捶（正面朝南）

【經典】：「先求開展，後求緊湊，乃可臻於縝密矣。」（《太極拳‧行功心解》）

【註】：開始動作時，要大開大展，達到全身三節九竅，功夫愈進，則必須求其全身緊湊，由大圈變為小圈。由外顯之圈變為內隱之圈，是可成為縝密無間之動作矣。

26. 左右掤掌

【動勢】：

承上勢。左手旋至右手上方，掌心向下，右拳變掌，掌心向上，雙手掌心相對抱球，然後雙手旋球，旋至左掌在下，右手在上，雙手掌心相對抱球，同時左腳腳跟提起收於右腳的左方成丁步，再向左前方上步，落步時成左弓步型；同時，左掌手心向上緩緩向左前方掤出，掤出時左掌與肩同高，右手掌心向下落於胸腹前。眼視左手（圖71）；接

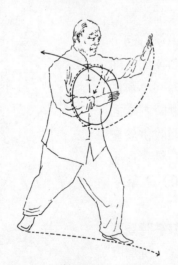

圖71　左右掤掌（正面朝南）

著，右腳併於左腳，腳尖點地成丁步，左手向下畫弧至腹，右手向上畫弧至胸，雙掌成右上左下掌心相對抱球，然後雙掌旋球，右掌旋至下面，左掌旋至上面掌心相對抱球，向右前方弓步掤右掌，掤掌時右手掌心向上，高與肩平，左手掌心向下落於胸腹前。目視右掌（圖72）。

【拳理】：身體向左右轉動時，以腰為軸，腿部微屈，腳尖外撇，左右腳回收時均變為丁步，兩腳外伸時，腳跟先著地，然後再慢慢踏實。凡做弓步動作時，以弓腿為實，蹬腿為虛，弓腿之膝不可超過腳尖。總之，上下協調一致，節節貫串。

【經典】：《太極拳‧十大要論》之「剛柔」：「夫拳術之為用，氣與勢而已矣，然而氣有強弱，勢分剛柔，氣強者取手勢之剛，氣弱者取手勢之柔，剛者以千鈞之力而扼百鈞，柔者以百鈞之力而破千鈞，尚力尚巧，剛柔之所以分

圖 72　左右掤掌

也。然則剛柔既分，而發用亦自有別，四肢發動，氣行諸外，而內持靜重，剛勢也。氣囷於內，而外觀輕和，柔勢也。」用剛不可無柔，無柔則還慢而不速。用柔不可無剛，無剛則催逼不捷，剛柔相濟，則黏、游、連、隨、騰、閃、折、空、掤、擓、拼、捺。無不得其自然矣。剛柔不可偏用，用武豈可忽耶。」

27. 搬攔捶

【動勢】：

承上勢。右腳內扣，右掌內旋成掌心向下，同時重心後坐（圖73），左腳上至右腳側踏實，同時右腳跟進成丁步；左掌經左下方上旋至左側上方與左腳成一線，同時右手向下畫弧至右胯前（圖74）；然後左手下壓，右手握拳向

圖73 搬攔捶

圖74 搬攔捶（正面朝南）

前沖擊，沖拳時左腳跟落地，左腿上步變弓步，右腳成箭步，左掌扶於右掌手腕內側（圖75）。右拳打擊時，沉勁有力。目視前方。

【拳理】：動作要做到左攔右搬，左手攔住對方之來勢，右手搬掉對方之進勢，兩手要協調進行。動作時要協調一致，達到內外三合，動作時要求上體正直，鬆腰鬆胯，避免晃動和傾斜。

【經典】：「有氣者無力，無力者純剛，氣如車輪，腰如車軸。」（《太極拳‧行功心解》）

【註】：練太極拳必須剛柔相濟，欲得氣血和順，必須氣貫周身，如車輪之旋轉不停也。

圖75　搬攔捶（正面朝南）

28. 如封似閉

【動勢】：

承上勢。身體重心漸漸移到左腿上，左手立掌，經右肘外側慢慢伸出，邊伸邊外旋，掌心斜向前，右拳變掌外旋，手心斜向後，與左臂斜成交叉。上體後坐，右手外旋，手心斜向後，摩擦左掌而過，略小於肩寬，兩臂屈肘，慢慢收至腹前翻掌，掌心斜向前。兩手立掌，向後向下向前弧形推出。目視前方（圖76）。

【拳理】：上體保持正直，臀部不要外凸。兩臂隨身體後坐回收，兩肩不要聳起，兩手推掌時，不要直著推出，要後坐向前弧形推出。

【經典】：「一舉一動，周身須要輕靈，尤須貫串。」

圖76　如封似閉

（《太極拳・行功心解》）

【註】：練功時每一個動作都要很輕靈，所謂一羽不能加，邁步如貓行。但整個動作要貫串一氣。

29. 轉身開合勢

【動勢】：

承上勢。身體向右方轉體 90°。轉身時以左腳跟為軸右轉，右腳隨身體轉動轉至兩腳與肩同寬，兩手由兩側分開弧形旋至掌心相對成立掌型（圖 77）。然後兩掌左右拉開（圖 78），開時吸氣，合時呼氣。兩手拉開時，寬度同自身兩乳間距寬，合掌時兩掌相距 10 公分，目視兩掌。

【拳理】：轉身時以左腳跟為軸，外開右腳，然後雙掌向兩側分開弧形舉至胸前做開合動作。動作時要上下協調一

圖 77　轉身開合勢
（正面朝西）

圖 78　轉身開合勢
（正面朝西）

致，不可散亂，不可停滯，圓活自然。

【經典】：「其根在腳，發於腿，主宰於腰，形於手指。由腳而腿而腰，總須完整一氣，向前後退乃能得機得勢。」

【註】：練功時，由腳而腿，由腿而動，轉動腰膝及脊柱之輪軸而達四梢，延至三節九竅之經絡也。

30. 右攔手

【動勢】：

承上勢。以雙腳跟為軸，身體向右轉體45°，右手向下畫弧至腰腹，掌心向上，左手向上畫弧至胸，掌心向下（圖79）；右手向右上方畫弧，同時左手畫弧下按扶於右腕部，同時右腳跟提起（圖80）；雙手由右弧形向左向前掤攔，同時右腳向前上步，攔手時由掌心向上翻至右手掌心向下攔

圖79　右攔手（正面朝西北）　　圖80　右攔手（正面朝北）

按，但左手扶右腕，不能離開右腕，目視右手（圖81）。

【拳理】：左右雙臂向前弧形旋臂時要圓活連貫，舒展大方，不可脫節、散亂，注意手與足合、肩與胯合、肘與膝合的外三合。

【經典】：「勿使有缺陷處，勿使有凹凸處，勿使有斷續處。」（《太極拳・行功心解》）

【註】：行功時，如果勁路不能飽滿，必有缺陷之處。更不能出現忽高忽低為凹凸之情況，要求綿綿不斷，形似流水也。

31. 左攔手

【動勢】：

承上勢。右腳內扣，左腳外擺，使身體向左轉體45°，左腳位於右腳左側成丁步，左手畫弧至胸，右手畫弧至腹，

圖81　右攔手（正面朝北）

雙手左上右下掌心相對抱球，接著左掌旋至下面，右掌旋至上面，雙掌仍成抱球勢。上動不停，左手向左上方畫弧，右手畫弧扶於左手腕部，同時左腳向左上步虛點（圖82）；左腳再向前上步，後腳跟先著地慢慢踏實，右腳跟著地左腳向前上一步；同時，雙手由左向右弧形向前掤攔，掤攔時右手始終扶於左腕，目視左掌（圖83）。

【拳理】：左右轉體時以腰胯為軸，注意三節九竅，即梢節起、中節隨、根節追。

【經典】：「有不得機、不得勢之處，身便散亂，其必於腰腿求之，上下左右前後皆然。」（《太極拳·行功心解》）

【註】：在練功當中，有不得機不得勢之處，必係三節九竅沒連貫上的原故，致成散亂之病也。必先調整腰胯，而

圖82　左攔手

圖83　左攔手

後觀其手腳是否相合。

32. 左右劈掌

【動勢】：

承上勢。左劈掌：身體向右轉體 45°，左腳向右扣步，右腳向右擺後即收於左腳右側成丁步，雙手右上左下掌心相對抱球，接著右掌旋至下面，左掌旋至上面仍成抱球姿勢，然後上右步，同時右手掌心向上向右前方掤掌，左手掌心向下、向後将（圖 84）；再右步前擺，左腳向右前方斜上一大步，右臂向下再向上畫弧橫攔反劈，同時左掌由後上舉向前直劈左掌（圖 85）。上動不停，左腳向右橫跨一大步，右腳向前隨左腳上步，同時，左掌向腹前畫弧回收再向前反劈，右掌畫弧直劈，右掌下劈後左掌護於左面部，定勢時成

圖 84　左右劈掌（正面朝北）

圖 85　左右劈掌

右弓步，目視右臂（圖86）。

【拳理】：劈左掌時右掌先外旋，同時轉動腰胯。劈右掌時，左臂先外旋然後直劈右掌，即右顧左，左顧右也。

【經典】：「虛實宜分清楚，一處有一處虛實。處處總有虛實，周身節節貫串，勿令絲毫間斷耳。」（《太極拳·行功心解》）

【註】：練功時，如果左腳是實的，右腳必然是虛的，每個動作總有一虛一實。還要周身三節九竅貫串，勿令絲毫間斷。

33. 攬雀尾

【動勢】：

承上勢。右手掌心向上、向前、向上掤掌，左掌手心向下隨之（圖87）；接著右掌翻至手心向下，左手翻至手心

圖86　左右劈掌　　　圖87　攬雀尾（正面朝北）

向上，向下雙捋（圖
88），下捋時重心移至左
腿下坐，下坐時屈膝。上
動不停，接做弓步擠勢，
即身體重心移向右腿，右
腳踏實，左腿蹬直，變為
右弓步；同時兩掌由右肩
前緩緩向前擠出，上擠時
右手掌心旋轉向上，左手
掌心向下畫弧按於右腕部
（圖 89）。弓步分掌，
雙掌上擠後再左右分開。

圖 88　攬雀尾（正面朝北）

雙掌左右分開時掌心向下，身體屈膝後坐，兩肘下沉、鬆
腰，再弓右腿雙按，目視雙手（圖 90）。以上動作為掤、

圖 89　攬雀尾（正面朝北）

圖 90　攬雀尾（正面朝北）

捋、擠、按之攬雀尾。

【拳理】：掤出時兩肩下沉，兩臂保持弧形。鬆腰、鬆胯保持協調一致，做到上下相隨，均勻自然。攬雀尾的全部動作，以腰為主宰，以腿為運轉，兩臂相隨，圓活自然。勢走弧形，靈活穩健。

【經典】：「心為令，氣為旗，腰為纛，脊為旒。」（《太極拳·行功心解》）

【註】：心為主帥以發令，氣為旗以聽命，纛為主旗以指揮全局，而脊柱隨之動轉也。

34. 上下擊掌勢

【動勢】：

承上勢。右腳向後退至左腳前面，同時右手下按，左手前攔（圖91）；左腳上步，身體屈膝坐盤；同時，右手掌

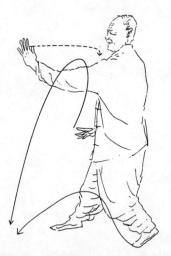

圖91　上下擊掌勢（正面朝北）

心向下，正提至肩平時再向下抖按，左手掌心向下隨右手回收抖按，身體下坐時右手下插於襠部，左手掌心向右附於面部右側（圖92）。接著身體上起，右腳向前上步，右手經胸前畫弧，向前擊打，左掌向下按於襠前部，目視右掌（圖93）。

【拳理】：上身保持正直，全身鬆靜自然，避免左右傾斜搖晃。全身保持虛靈頂勁。

【經典】：「曲中求直，蓄而後發。」（《太極拳·行功心解》）

【註】：曲中求直，乃求其意也。非曲直手足之謂也。蓄而後發者，乃積蓄內勁借人之力而後發之也。

圖92　上下擊掌勢
（正面朝北）

圖93　上下擊掌勢
（正面朝北）

35. 二仙傳道

【動勢】：

承上勢。右勢，右手略回收，左手翻掌心朝上經胸前穿出，手背搭於右手的手背上，成雙疊掌，然後右掌由下弧形向右旋抽，同時右腳向右後方旋抽後退，左腳向右方上步成虛步，右手掌心向下繼續旋至胸前，同時左手掌心向上也移至胸前，右手大拇指對準左肘的「少海」穴位（圖94）。左勢，上動不停。左手翻掌心向下，右手翻手心向上前穿疊於左手的手背部位成雙疊掌。然後左掌弧形左旋，同時向左後方弧形後退左腳，上右腳成右虛步，右手由右向下弧形旋至左方胸前掌心向上，左手旋至左方胸前掌心向下，大拇指對準右臂的「少海」穴位。目視左右兩手掌（圖95）。

圖94　二仙傳道（正面朝北）　　圖95　二仙傳道

【拳理】：左右二仙傳道動作，要走弧形旋轉動作，左右動作，要相隨一氣，不可呆滯，立足穩健，不可失調。

【經典】：「雖變化萬端，而理惟一貫。」（《太極拳・行功心解》）

【註】：在練功當中雖變化萬端，而拳理陰陽內外總是一貫的。

36. 轉身左右掤勢

【動勢】：

承上勢。右手由掌心向上變為掌心向下，向下旋弧，同時左腳內扣，右腿後退一步使身體向後轉體180°，右手畫弧向前掤，掌心向上高與頭平，左手掌心向下後捋（圖96），接著左掤，左腳移至右腳左側成丁步，再向左前方上

圖96　轉身左右掤勢

左步，同時左手經胸、腹旋弧，掌心向上向左前方掤出，右掌向下向上旋弧後手心向下後将，掤勢時成左弓步型，目視左手（圖97）。

【拳理】：身體轉動時，以腰為軸，以胯為動力，雙手旋弧成左右抱球時後腳上步先成丁步，掤勢時隨掌上步成弓步。

【經典】：「由著熟漸悟懂勁，由懂勁階及神明。」（《太極拳論》）

【註】：在練拳當中必須把每個動作熟練之後才悟內勁，由悟內勁漸至更高階段。

37. 右拍腳

【動勢】：

承上勢。左腳稍前移，左手變為掌心向下，右腳上起，

圖97　轉身左右掤勢（正面朝南）

腳面繃直，右腳上起時高度與胸平。拍腳時右手掌心向下直拍腳面（有聲），左手掌心向下變鈎手位於左側稍前與頭高，目視右手（圖98）。

【拳理】：拍腳時左膝微屈，右腳面繃直，高與胸平，兩臂上下起落，緊密相連，不可散亂，不可間斷。

【經典】：「氣宜鼓盪，神宜內斂。」（《太極拳論》）

【註】：氣宜鼓盪指的是呼吸，但練拳時不是每個動作都要呼吸，而是發勁時做先吸後呼動作。這就是氣宜鼓盪之意。神宜內斂是把雜念都收斂起來。《內經‧上古天真論》有「恬淡虛無，真氣從之。」就是此論。

圖98　右拍腳（正面朝南）

38. 雙峰貫耳

【動勢】：

承上勢。當右掌直拍右腳時，右腳在空中還未落地之際，右小腿急忙收回，右膝平屈，腳尖自然下垂，同時，左手變掌，雙手掌心向上，從兩側向體前畫弧，至右膝上方雙手變握拳相對（圖99），然後右腳落地，右腿膝微屈，雙拳由右腿部向兩側弧形貫耳。貫耳時想像兩拳左右對準對方左右耳部，目視前方（圖100）。

【拳理】：上身保持正直，鬆腰鬆胯，右膝不超過右腳尖。兩手掌心向上，慢慢抽回，向下經右膝旁時，要以兩肘下沉來帶動兩掌下落。同時兩拳鬆握，沉肩墜肘，保持弧形，並與右弓步協調一致。

【經典】：「氣以直養而無害，勁以曲蓄而有餘。」

圖99　雙峰貫耳

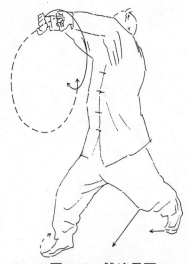

圖100　雙峰貫耳

（《太極拳論》）

【註】：養氣須直養。動作開展，筋直不屈，這樣就不會筋骨損害，勁以曲蓄是說力氣不要用得過頭，而造成勞損。

39. 左蹬腳

【動勢】：

承上勢。右腳尖外擺，身體向右轉體45°，身體屈膝下蹲，雙手左右分開，然後弧形合抱於胸前成十字交叉（圖101），身體慢慢站起，重心移至右腿，左腿輕輕提起，膝向左前方，小腿與地面垂直，同時十字雙手也慢慢上移，身體重心仍在右腿，左腳向左方蹬出，腳跟用力，腳尖朝上，兩手隨動作左右分開，雙臂與左腿成一線，左肘、左膝上下相對。眼視左手、左腳（圖102）。

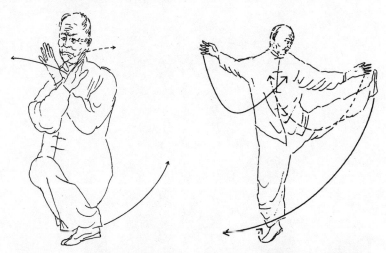

圖101　左蹬腳（正面朝西）　圖102　左蹬腳（正面朝西）

【拳理】：右腿微屈站穩，上體不可前俯後仰。兩手分開時，左手在前，右手在後畫弧平舉撐臂，兩手腕與肩平，蹬左腳時，左腳尖向上，蹬力在左腳跟上。

【經典】：「不偏不倚，忽隱忽現。」（《太極拳論》）

【註】：在左蹬腳時，身體處於正面，不能偏於正面，也不能倚托其他輔助物體，所以既不偏也不倚。忽隱忽現，是說行功時忽輕忽重。

40. 轉身右蹬腳

【動勢】：

承上勢。當左腳向左前方蹬腳未落地時，右腳腳尖點地向右後方轉身180°。轉身時以腳尖為軸，身體轉至後面時，同時雙手由兩側向胸前畫弧，雙掌變拳右外左內合抱成十字

圖103　轉身右蹬腳

交叉手（圖103），抬右腳向右蹬出，蹬右腳時，仍和蹬左腳一樣腳跟用力，腳尖朝上，同時雙手變掌分開成右前左後一條線，目視右手、右腳（圖104）。

【拳理】：蹬腳時上體保持正直，左右蹬腳，支撐重心之腿要站穩，身體不能搖晃，雙掌要與蹬腳配合。

【經典】：「有柔軟然後有堅力，有呼吸而後有靈活。」（《太極拳·行功心解》）

【註】：外愈柔而內必有剛，氣隨呼吸才有靈活的變化。

41. 搬攔捶

【動勢】：

承上勢。右腳落地，身體微向右轉體15°，方向轉正，左手掌心向裡向右方搬，右手向下向前畫弧，同時右腳提起

圖104 轉身蹬腳

（圖105），左手再向左方弧形攔化，然後右掌變拳回抽至腰際，同時右腳下踩於右前方（圖106）；右拳向前沖捶，同時左掌略回收扶於右捶的腕部，以助其力，同時上左步，目視右拳（圖107）。

【拳理】：右腳落地時向右轉體速度要均勻，左腳上步時，邁步如貓行，左手搬攔與右手沖捶要協調一致，不可散亂。

【經典】：「內固精神，外示安逸，邁步如貓行，行勁如抽絲。」

【註】：內固精神是說精神內守不要有雜念。外示安逸和內固精神是相連的，因為沒有雜念，思想專一姿勢才會正確。邁步如貓行是說步子輕靈，行勁如抽絲是說勁路緩慢均勻也。

圖105　搬攔捶
（正面朝南）

圖106　搬攔捶
（正面朝南）

42. 如封似閉

【動勢】：

承上勢。身體後坐，雙手變為掌心向上，左上右下相疊交叉於胸前，然後左右分開，臀部後坐，雙手弧形向前旋推出，雙掌前推時，雙腿變為弓步型，前推時沉肩墜肘，以意引力，目視雙手（圖108）。

【拳理】：身體上下保持正直，臀部不要外凸，兩臂隨身體後坐回收，兩肩不要聳起，兩手向前推掌時，不要直線前推，而要弧形推出。

【經典】：「然非用力之久，不能豁然貫通焉。」（《太極拳論》）

【註】：「然非用力之久」是說練功的時間長久，「不能豁然貫通焉」是說功夫沒練到家就不能一通百通。

圖107　搬攔捶（正面朝南）

圖108　如封似閉

43. 轉身十字手

【動勢】：

承上勢。以左腳跟為軸向右轉體 45°，右腳隨身體轉動轉至右方，雙手掌心向下左右分開，然後雙掌向內弧形合抱交叉於胸前成十字手，合抱時身體微下蹲，雙手左內右外。雙手合抱時掌心均向內。同時右腳向左回收，兩腳相距同肩寬（圖 109）。

【拳理】：十字手的兩臂分開和合抱，須成半圓形，要鬆肩墜肘，圓滿大方，上下肢的配合要協調一致。

【經典】：「左重則左虛，右重則右杳。」（《太極拳論》）

【註】：左重則左虛是說左邊受到敵人攻擊時，要虛化之，右邊受到攻擊時則同樣的變化，使對方莫測拳法之奧妙也。

圖 109　轉身十字手（正面朝西）

44. 右摟膝拗步

【動勢】：

承上勢。右手下落，下摟右膝，同時身體向右轉體45°，右轉時以腳跟為軸，右腳隨身體轉動向右斜方上步，左手掌心向外經耳部向前推掌，推掌時要轉腰轉胯，目視前方（圖110）。

【拳理】：身體向右轉動時，上體力求正直，不可搖晃，臀部不要凸出，右手摟膝時要走弧形，定勢時要坐手腕。

【經典】：「仰之則彌高，俯之則彌深，進之則愈長，退之則愈促。」（《太極拳論》）

【註】：仰之則彌高是說對方攻我上部時，則我以高引化之，俯之則彌深是說對方攻我下部時則我以低引化之。進

圖110　右摟膝拗步（正面朝北）

之則愈長是說對方前進攻我，則我向後引化。退之則愈促是說對方後退時，則我緊促其後而攻之，使其首尾不能相應。

45. 左摟膝拗步

【動勢】：

承上勢。左腳併於右腳左側成丁步，身體向左斜方轉45°，轉體時以右腳為軸，同時左手下按於右腋前，右手向上畫弧至頭右側（圖111）；左手向下畫弧摟左膝，同時左腳向左前方上步，右手掌心向前經耳部向前推掌，定勢時成左弓右箭步，目視前方（圖112）。

【拳理】：向左摟膝動作與向右摟膝動作要求相同，以腰為軸，以胯為動力，上下配合，協調一致。

【經典】：「一羽不能加，蠅蟲不能落，人不知我，我獨知人。」（《太極拳論》）

圖 111　左摟膝拗步（正面朝北）　　圖 112　左摟膝拗步

【註】：這是形容觸覺靈敏，一個羽毛落在身上有感覺，蟲蠅觸及時使它不能逃脫。別人用什麼手法，我能知道，但我用的手法別人不知道。

46. 單鞭勢

【動勢】：

承上勢。右手向下向右向上畫弧，高與肩平變鉤手，同時左手由下向上向左伸展變掌，成單鞭勢，兩腿隨動作略右轉變為馬步，兩腿變馬步時襠胯要圓，重心落於兩腿中間，目視前方（圖113）。

【拳理】：上身正直，鬆腰鬆胯，兩掌前後畫弧時，要隨腰轉動，兩膊相繫，不可散亂，右肘微微下墜，右鉤手腕部放鬆，肘與膝相對，左手坐腕，掌心向外。上下肢動作要

圖113　單鞭勢（正面朝東北）

協調一致。

【經典】：「英雄所向無敵，蓋皆由此而及也。」
（《太極拳論》）

【註】：英雄所向無敵是功夫深能制功夫淺者，力大打
力小，手快打手慢，蓋皆由功夫之深淺也。

47. 前後掃腿

【動勢】：

承上勢。左手畫弧伸向左上方，右手掌心向內與左手體
前交叉畫弧伸向右後下方，身體稍下蹲，重心移至左腿，右
腿向前平掃半個圓圈（圖114）；接著重心移至右腿，左腿
向後平掃半個圓圈，同時，左手經體前向左下方畫弧，右手
由下向右上方與左手體前交叉畫弧（圖115）。注意，前掃
時右手向前推動，後掃時左手向後推動，向前掃腿時左掌舉

圖114　前後掃腿（正面朝西）　　圖115　前後掃腿

至左方頭側，後掃腿時右掌從左掌內穿出舉至頭右之右側。

【拳理】：前後掃腿時腳底要與地面相平，上體要保持正直，腰腿要相隨，兩臂、兩腿要相合。

【經典】：「斯技旁門甚多，雖勢有區別，概不外壯欺弱、慢讓快耳。」（《太極拳論》）

【註】：太極拳的門派很多，雖然姿勢不一樣，但還是功夫大打功夫小的，手快欺手慢也。

48. 掩手肱捶

【動勢】：

承上勢。兩腿前後掃至原位時，兩腿變為左弓右箭步，同時，左手由左下方向胸前畫弧，右手向左手內側繞纏；左手再由右掌內纏出，成一個雙手盤花姿勢，右手再由胸前平推出（圖116）；然後右掌變拳收至右腰胯部蓄力向前微下

圖116　掩手肱捶

發出，發勁時用腰腿助力行之，右拳發勁時，左掌由內向外畫弧變拳收至左腰部，目視右拳（圖117）。

【拳理】：右腿蹬直，變為左弓步，發勁時腰部要領先，身體重心及時變換，要變換視線，右拳發勁要有爆發力，有剛勁，要收臀斂肛，整個動作要舒展大方，圓活自然，剛柔相濟，快慢相兼，眼睛要有神，拳架要一氣呵成，不可散亂。

【經典】：「有力打無力，手慢讓手快，是皆先天之能，有關學力而有（為）也。」（《太極拳論》）

【註】：有力打無力，手快勝手慢，這都是先天賦有的功能，不是練出來的。但這觀點似乎片面，我們認為有志者事竟成。

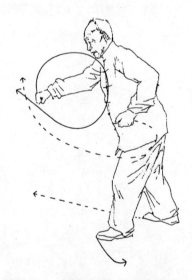

圖117　掩手肱捶（正面朝東）

49. 打虎勢

【動勢】：

承上勢。右腳上步，左拳由下向頭前方弧形擊出，同時右拳經由右腰部畫弧擊向頭前方，成左上右下架於頭前上方（圖118）。然後左腳向左前方上步，左拳由胸腹部弧形繞至頭之左上方，右拳由上而下繞至左肋部。同時左腿變為弓步，成打虎姿勢，目視前方（圖119）。

【拳理】：左右手變勢時要繞弧形動作，左腿弓步要以腰部帶動，完成此動作時要雄壯威武而有力。

【經典】：「立如秤準，活如車輪，偏沉則隨，雙重則滯。」（《太極拳論》）

【註】：立如秤準是說姿勢定要尾閭中正，不偏不倚。但身手如車輪那樣靈活，無論對方來的力量多麼大，要以巧

圖118　打虎勢（正面朝北）　　　圖119　打虎勢

勝之，不要抗頂，放鬆走化叫「偏沉」。對方來力大用偏沉化之，沒有偏沉形成雙重則滯矣。

50. 倒捲肱

【動勢】：

承上勢。左拳變掌，掌心向下落於胸前，右拳變掌，掌心向上旋至右方，雙腳不動，重心後坐（圖120）；右手再弧形旋至右前方，掌心向下，左手翻掌心朝上，收至左腹前，同時左腳向後退步（圖121）；左手由右旋至左方，掌心向上方，右手回抽至胸前，掌心向下（圖122）；左手變掌心向下畫弧經右手掌上面撐過，右手翻掌心向上回抽至腰間，同時退右腳（圖123）。以上動作可左右各重複一次，共計四次。目視撐退動作。

圖120　倒捲肱
（正面朝北）

圖121　倒捲肱
（正面朝北）

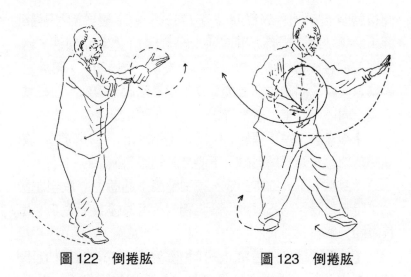

圖 122　倒捲肱　　　　　　圖 123　倒捲肱

　　【拳理】：雙手推撐時手腳及退步要互相配合，上下相合，協調一致。

　　【經典】：「每見數年鈍功，不能運化者，率皆自為人制，雙重之病未悟耳。」（《太極拳論》）

　　【註】：常見練太極推手的人，下了多年功夫，由於不知聽勁、懂勁，往往不能運化，而反被人制，這是犯了雙重之病耳。

51. 轉身搬攔捶蓋掌

　　【動勢】：

　　承上勢。左手向腹前畫弧，右手向胸前畫弧，雙手掌心相對，左下右上呈抱球狀，再旋球至右下左上，然後左手下按至腰間，右手向上、向前展至與肩平，同時，左腳內扣，

向後轉身 180°，右腳提攔（圖 124）；右手變拳回抽至腰間，左掌前攔，同時右腳落地（圖 125）；左手略回抽，右拳向前沖打成搬攔捶姿勢，同時上左步（圖 126）。接著左腳略退震腳，同時右腳上步，雙手成掌回收至腹前，而後掌心向上向前反蓋掌。蓋掌時成右弓步（圖 127）。

【拳理】：左手扶於右腕時，手指向上，手心向右，放在胸前部位，要鬆肩鬆胯，不能晃動和歪斜。

【經典】：「欲避此病，須知陰陽；黏即是走，走即是黏；陽不離陰，陰不離陽；陰陽相濟，方為懂勁。」（《太極拳論》）

【註】：這一段是和上一段相聯繫的。要避此病，就不能和對方頂抗，還要懂陰陽變化。上面指的陰是柔、虛、輕、合、吸氣等；陽是指剛、實、重、開，發力、呼氣等。

圖 124　轉身搬攔捶蓋掌
（正面朝南）

圖 125　轉身搬攔捶蓋掌
（正面朝南）

圖 126　轉身搬攔捶蓋掌　　　　圖 127　轉身搬攔捶蓋掌
　　（正面朝南）　　　　　　　　　（正面朝南）

52. 轉身單鞭下勢

【動勢】：

承上勢。左手翻掌心向下，右手上穿（圖 128）；右掌由左手下面穿出變鉤手，同時向後轉身 180°，右腳略內轉，左腳向左伸出，右腿屈膝下蹲變左仆步，左手心向外沿左仆步向前穿，目視左手（圖 129）。

【拳理】：上體保持正直，鬆腰坐胯，屈膝下蹲，仆步時要求臀部接近地面，右腿蹲膝正直，右腳跟不能翹起，左掌前穿時拇指向上，防止前俯和低頭。

【經典】：「懂勁後，愈練愈精，默識揣摩，漸至從心所欲。」（《太極拳論》）

【註】：練太極或推手之時，達到懂勁和聽勁以後，越

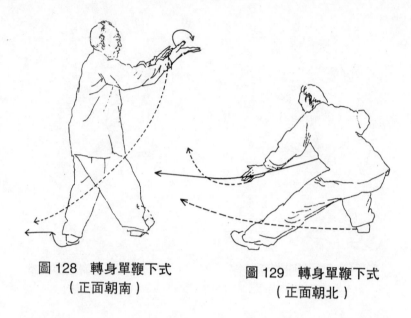

圖 128　轉身單鞭下式　　　圖 129　轉身單鞭下式
　（正面朝南）　　　　　　　（正面朝北）

練越精巧，經過多實踐和多研究，就能做到隨心所欲的地
步。

53. 三穿掌

【動勢】：

承上勢。左腳略外擺，身體緩緩前移起立，上右步，同
時右手變掌心向上、向體前穿出，左掌翻掌，掌心向下置於
體前，雙手高與胸平（圖130）；上左步，左掌翻掌，掌心
向上前穿，右掌翻掌，掌心向下置於體前（圖131）；再上
右步翻右掌心朝上前穿，左掌翻掌，掌心向下置於體前，雙
手高與胸平（圖132），共穿3次。注意，穿右掌時左手掌
心向下，右手掌心向上，右掌從左掌下面穿出；穿左掌時，
左掌手心向上，右掌手心向下，然後左掌在右掌下面穿出，

圖 130　三穿掌（正面朝北）　圖 131　三穿掌（正面朝北）

圖 132　三穿掌（正面朝北）

目視穿掌動作。

【拳理】：穿掌時手隨步走，身隨穿進，動作活潑自然，手腿要協調一致。

【經典】：「本是捨己從人，多誤捨近求遠。所謂差之毫厘，謬之千里。學者不可不詳辨焉。是為論。」（《太極拳論》）

【註】：練太極拳推手時，捨己從人之勁，要客觀，如果自作主張用固定的手技，必然會出現錯誤，差之毫厘就會謬之千里。

54. 龍形雲手

【動勢】：

承上勢。三穿掌定勢時右腳在前。左腳外擺，右腳內扣，身體向左轉體90°，同時雙掌左上右下合併隨轉體旋至胸前合十（圖133）；雙手繼續向左轉至身體左上方（圖134），再經胸前旋至身體右側（圖135），再雙掌由右向左旋弧一大圈（圖136），再由左向右旋弧一圈至體右側（圖137）。接著動作方向與上述相反，即雙掌在右方小旋弧一圈，再移至左方旋弧一圈，再由右向左旋弧一大圈，同時左腳向左橫跨一大步，斯時雙掌仍轉至右方繼續重複上動兩次，第一次正面由上而下左

圖133　龍形雲手
（正面朝西）

圖 134　龍形雲手
（正面朝西）

圖 135　龍形雲手
（正面朝西）

圖 136　龍形雲手
（正面朝西）

圖 137　龍形雲手
（正面朝西）

右旋弧時，身體隨旋弧下蹲。旋弧時目視雙掌動作，身體也隨動作靈活轉動。

【拳理】：本功法練習時要立身中正，綿綿不斷，身如游龍，形如飛鳳，剛柔相濟，練習此功時必須注意內外三合。

【經典】：「氣以直養而無害，勁以曲蓄而有餘。」（《太極拳·行功心解》）

【註】：養氣須直養，即全身舒展，不能壓蓄。

55. 單鞭勢

【動勢】：

承上勢。當龍形雲手運至第三次時，右腳不動，左腳向左前方上一大步，同時右手變鉤手向右後方拉位於右後方，左手變掌向左側展位於前方，左腿成弓步，右腿在後成箭步，目視左掌（圖138）。

圖138　單鞭勢（正面朝南）

【拳理】：上體保持正直，兩臂下沉，鬆腰鬆胯，兩手掌前掌後鉤要成一線，兩肘微下沉，左膝與左肘上下相對。左膝不要超過左腳尖。

【經典】：「肺者，生氣之源，乃五臟之華蓋也。」（《中藏經》）

【註】：華蓋乃五臟生氣之源。也是一個任脈的經穴。

56. 三切掌

【動勢】：

承上勢。右腳向右前方上步成虛步，重心落於左腿，同時左手變掌心向上回收至胸前，右手變掌心向下，向正前方橫切，高與胸平（圖139），接著，身體向左轉體15°，右腳不動，左腳向前上步成虛步，同時左手變為掌心向下，右手變為掌心向上，左手向前橫切右掌，左手在前，右手在後

圖 139　三切掌（正面朝南）

略回收至胸前（圖140），然後雙掌重複上述動作，即右掌翻至上面再橫切左掌，右掌再翻至左掌下面，定勢，目視雙手，與圖140同。

【拳理】：切掌時，左手掌心向上，肘微屈，右手肘也要微彎屈，左腿微屈站穩，身體保持正直。

【經典】：「四大不調有二，或外或內。寒熱饑虛，飽飲疲勞，為外起。名利喜怒，聲色滋味、念慮，為內起。」（《曇鸞法師服氣法》）

【註】：「四大」為佛家用語，指「地、水、火、風」，這裡引為四肢。

57. 肘下捶

【動勢】：

承上勢。右手由左手上面旋至左手下面，同時左手旋至

圖140　三切掌（正面朝南）

右手上面屈肘，掌心向右，右手在左肘下面變拳成為肘下捶，目視左手（圖141）。

【拳理】：兩手上下旋弧時要協調一致，上下不能脫節，左手變為立肘時，手掌掌心向右，坐腕立指，蓄勁內含。

【經典】：「太上養神，其次養形。」（《文子》）

【註】：上面的兩句話指的是性、命雙修。彭祖壽活八百歲，他就是用這兩個方法練功。

58. 左右劈掌

【動勢】：

承上勢。左手向體內畫弧下落至腹前，再由下而上弧形反劈，同時，左腿提起；右拳變掌經腹前畫弧由上而下下劈，右掌向下劈時左腳落地，右腳向前進步，右掌向前撩陰

圖141　肘下捶（正面朝南）

圖 142　左右劈掌
（正面朝南）

圖 143　左右劈掌
（正面朝南）

（圖 142），上動不停，右掌再上起向下反劈至胸前，同時
退右步，上左步向前直劈左掌，目視左手（圖 143）。

【拳理】：兩手直劈和反劈時，要連貫，不能脫節，手
腳要保持相合，不能散亂。

【經典】：「夫大道以空為本，絕相為妙，達本元，靜
定太素，納於丹田，煉神於金室，定心於覺海。心定神寧，
神寧則氣住，氣住則自心樂，常於刻之中，含守於真息。」

【註】：大道是指的練拳功，空是佛家名詞，絕相是排
除外界干擾，金室是指的上丹。這是本節之真意。

59. 轉身掤勢

【動勢】：

承上勢。左腳內扣，右腳外擺，身體向後轉體 180°，同

圖 144　轉身掤勢（正面朝北）

時左手向下畫弧至腹前，右手畫弧至胸前，雙掌右上左下掌心相對抱球後繼續旋弧，右手翻至下面掌心向上，左手翻至上面掌心向下相對抱球，然後向右前方上右步，同時左手拉至腹前，右手向右上方成右掤勢（圖 144）。

　　【拳理】：掤掌時要走弧形，不要有棱角，上下肢要協調一致，要舒展大方，圓活連貫。

　　【經典】：「能正能靜，然後能定。定心在中，耳目聰明，四肢堅固，可以為精舍。精也者，氣之精者也，氣道乃生。」（宋《鈃尹文靜定法》）

　　【註】：能正能靜是講有正念才能靜。能靜才能有定。定義是安體定神，心止一境。四肢強壯了，可以不漏精，氣能生精，精能固體。

60. 右蹬腳

【動勢】：

承上勢。左腳上步，然後左手順勢由下向前畫弧，至與肩同高，右手向後畫弧至胯旁變勾手，同時以左腳為根，右腳提起向前蹬踹，高與左膝齊（圖145）。蹬時動作要猛，勁路要完整，目視手腳。

【拳理】：右腳快速向前蹬踹，腳跟用力，腳尖回鉤，高與膝平，兩臂與蹬腿保持一致。

【經典】：「有神自在身，一往一來，莫之能思。失之必亂，得之必治，敬除其舍，精將自來。」（宋《鈃尹文靜定法》）

【註】：變化不測謂之神，神在身上往來，很難捉摸，

圖145　右蹬腳（正面朝北）

能隨著神練功，必得其技，失神必亂。敬除其舍是指心地清靜，排除雜念。

61. 緊急手

【動勢】：

承上勢，右腳前蹬後，腳步落在前面成弓步，接著右手變拳，同時右肘向前擊打，彎臂打肘時左手握住右拳，掌心向右轉，肘尖向前（圖146），然後右拳變掌，雙掌經胸前向上向兩側畫弧，使雙臂分開，前臂低後臂高，同時屈膝下蹲坐盤（圖147）。

【拳理】：右腿弓步，左腿箭步，上身保持正直，鬆腰鬆胯，左掌扶於右手前外臂。

圖146　緊急手（正面朝北）　圖147　緊急手（正面朝北）

62. 上步七星

【動勢】：

承上勢。兩手前後分開，出左腳變左仆步，身體慢慢站起，接著右腳向前上步成虛步，同時，雙手變拳，左拳繞圈向前上方擊出，右拳經腰前畫弧向前擊出，雙拳在胸前左上右下成十字手，目視雙拳（圖148）。

【拳理】：右腳向前成虛步，左腳支撐全身，腿部彎屈，維持身體平衡。

63. 退步跨虎

【動勢】：

承上勢。右腳向後退一大步，同時重心後坐，左腳成虛

圖148　上步七星（正面朝北）

步，雙拳變掌右上左下左右展開，左掌下落經左腹前移於左胯旁，掌心向下，右掌內旋弧形上舉至右肩上方，掌心向外。成退步跨虎姿勢，目視前方（圖149）。

【拳理】：右腳向後方退步時，要與上體轉動同時進行。上體要保持正直，不可左右搖晃，前俯後仰。

64. 轉身擺蓮

【動勢】：

承上勢。左腳後退一大步，右腳向左腳後方橫跨一大步，身體向後轉體，同時右掌經頭前上方畫弧後蓋，掌心向下護於胸前，左掌由右掌內向後穿出，掌心向上，高與肩平（圖150），左手翻掌心向下弧形壓於腋下，右掌同時翻掌心向上從左掌內穿出，同時，左腳外擺向左轉體90°，上右

圖149　退步跨虎
（正面退北）

圖150　轉身擺蓮
（正面朝南）

腳（圖 151）；左腳上旋至肩高，雙掌弧形旋轉拍打左腳的
外側腳面（圖 152）。

【拳理】：眼神隨身體轉動而注視，擺蓮腿時，雙掌與
腿腳要協調一致，上下互相配合，成一個整體。

65. 上步攬雀尾

【動勢】：

承上勢。左腳落地位於右腳左側，右腳向前上步；右手
下落至腹前後即掌心向上、向前上方弧形掤掌，左手掌心向
下，弧形下拉至腹前（圖 153）。接著，右手翻掌心向下，
左手翻掌心向上，雙掌手心相對向下捋，下捋時後坐左腿
（圖 154）；右掌捋至鼻尖正前方時再右手翻掌心向上，左
掌翻穿至右手上面掌心向下，同時左手按於右手腕部，向上

圖 151　轉身擺蓮
（正面朝東）

圖 152　轉身擺蓮
（正面朝東）

擠按（圖155），再兩手左右分開下落至腰部時，雙手掌心
向下，向上推按（圖156）。此之為掤、捋、擠、按。目視
雙手。

圖153　上步攬雀尾

圖154　上步攬雀尾

圖155　上步攬雀尾

圖156　上步攬雀尾

【拳理】：掤掌時右腿變弓步，下捋時左腿下坐，上擠時右腿仍弓步，如此一弓一坐的運動兩腿，使身體腰腿手臂聯合運動，成為一體。

66. 五氣朝元

【動勢】：

承上勢。左腳外擺，右腳內扣，身體向左轉體 90°成為起勢時之正方向，同時，左手掌心向外，向左方弧形雲手一次，右手掌心向外，向右下方雲手一次（圖 157）；然後雙手掌心向上舉至頭部上方，左手掌指搭於右手背，旋轉一圈吸採天氣，然後雙手翻掌手心向下，向「百會」旋轉一圈貫氣，目視前方（圖 158）。

【拳理】：五氣朝元者，指五臟真氣朝於上丹田也。文獻有：蓋身不動，則精固而水朝元；心不動，則氣固而火朝

圖 157　五氣朝元

圖 158　五氣朝元

元；真性寂，則魂藏而木朝元；妄情忘，則魄伏而金朝元，四大安和，則意定而土朝元也。

67. 十字手

【動勢】：

承上勢。兩手向左右兩側分開，至掌心向外雙臂伸直，然後向內合抱，合抱時掌心向內，兩手左內右外抱成十字手型，位於喉部前方；同時右腳回收，兩腳與肩同寬（圖159）。

【拳理】：十字手的動作，兩手高度與喉平，兩手距喉的距離約兩拳的遠度。

圖 159 十字手

68. 收勢歸原

【動勢】：

承上勢。雙手平舉掌心向下，左右分開，下落於身體兩側，真氣儲於下丹田，左腳向右腳側回收，兩腳最後成立正姿勢。目視前方（圖160）。

圖160　收勢歸原

附動作路線圖

　　武當太極拳動作路線示意圖，
供習練者參考。

　　圖示作者：吳忠賢

1~7勢步法圖示

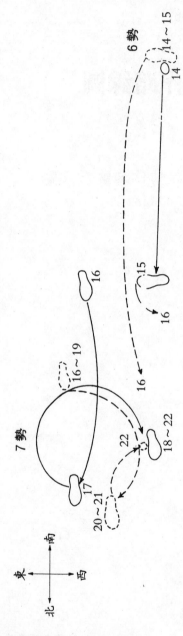
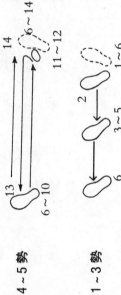

北
東　西
南

6勢

14~15
14
6~14
11~12
1~6

4~5勢
14
13
6~10
2
3~5
6

1~3勢

15
16

7勢
16~19
22
18~22
17
20~21
16
16

如果無極勢朝向東方，行拳路線則自南向北開
始進行，為表達方便，此示意圖分段表現。○為左
腳，◐為右腳，○◐分別為左右丁步，腳尖方向及
運動方向與實際行拳方向相同。

凡圖示所標數碼為文中圖示號，即每一動作圖左
右腳之位置先後次序，習練時需與文中動作圖對照。

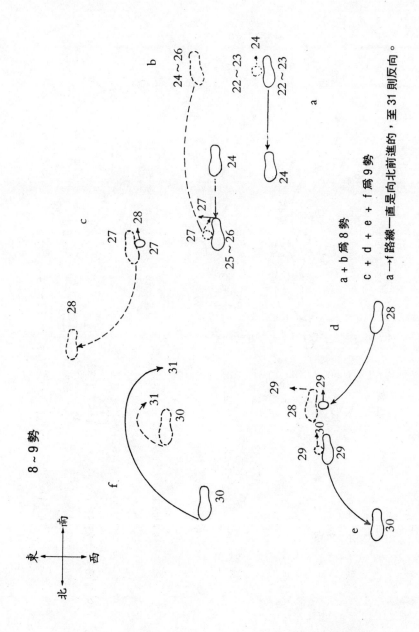

8～9 勢

a＋b為8勢

c＋d＋e＋f為9勢

a→f路線一直是向北前進的，至31則反向。

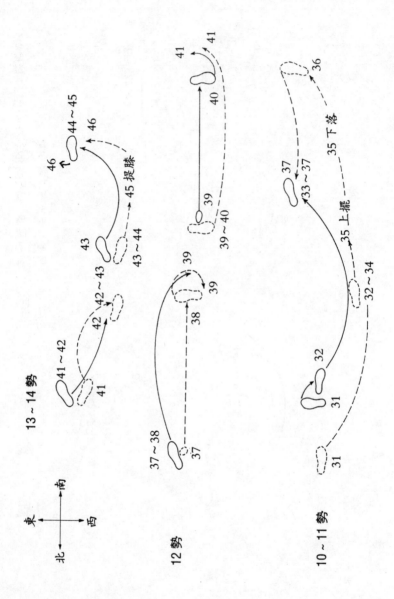

13～14勢

北
西 — 東
南

41～42
41
42
42～43
43
43～44
44～45
45 提膝
46
46

12勢

37～38
37
38
39
39
39～40
39
40
41
41

10～11勢

31
31
32
32～34
33～37
35 上擺
35 下落
37
36

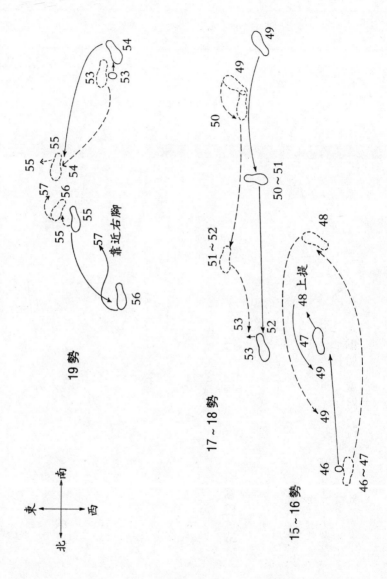

19 勢

17～18 勢

15～16 勢

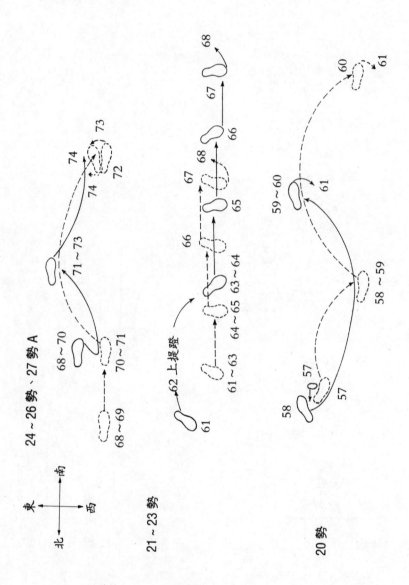

24~26 勢、27 勢 A

21~23 勢

20 勢

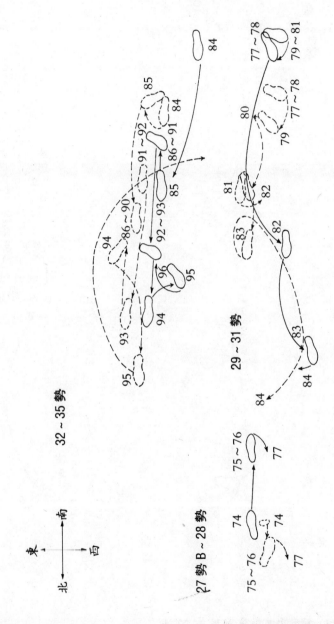

32～35勢

29～31勢

27勢B～28勢

南

西

北

東

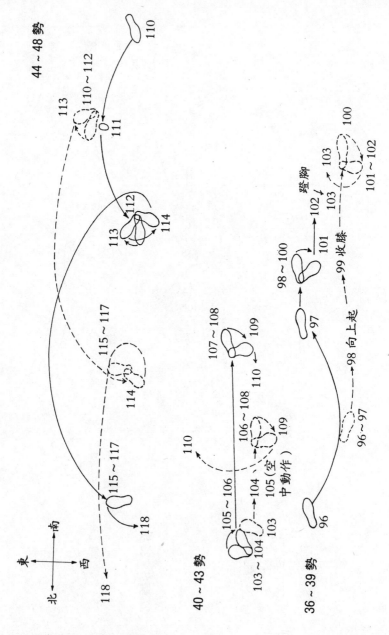

44～48 勢

110

113

110～112

0

111

112

113

114

113

115～117

114

北

南

東

西

118

115～117

115～117

118

118

40～43 勢

107～108

109

106～108

110

105～106

105（空
中動作）

104

103

109

103～104

110

蹬腳

98～100

101

102

103

103

100

101～102

97

99 收膝

98 向上起

96～97

36～39 勢

96

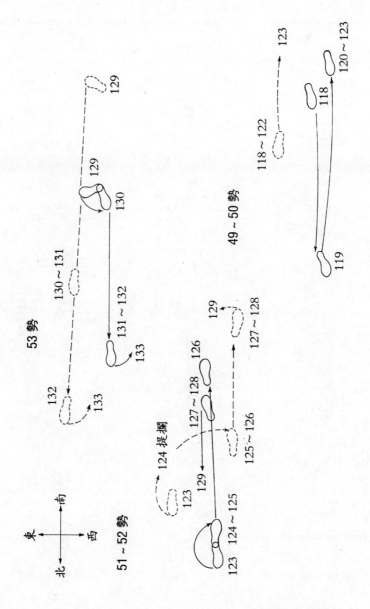

53 勢

130~131

129

129

130

131~132

133

132

133

51~52勢

49~50勢

118~122

118

120~123

123

119

127~128

129

127~128

124 提攔

127~128 126

129

125~126

123

123 124~125

北 南 東 西

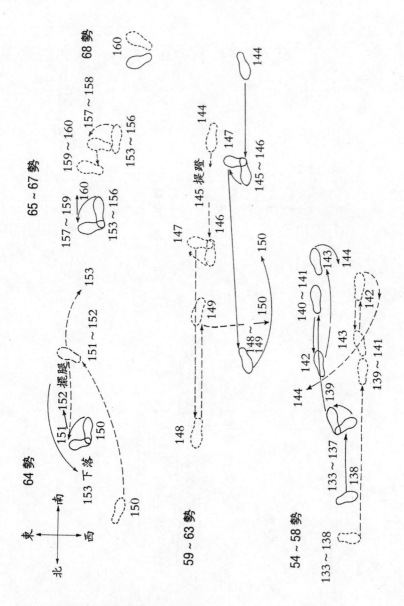

68 勢

65～67 勢

64 勢

59～63 勢

54～58 勢

東

南

西

北

武當盤手20法

江松友　馬鑫良　合編

武當盤手20法

前　文

　　明末黃梨洲著《王征南墓志銘》，開始即云：「少林以拳勇名天下，然主於搏人，人亦得而乘之；有所謂內家者，以靜制動，犯者應手即仆，故別少林為內家，蓋起於張三豐……。」武術界歷來奉張三豐為內家拳鼻祖，而以武當山為內家拳的發源聖地。

　　解放以前，中央國術館曾分武術為少林、武當兩門，武當門為內家，包括太極、形意、八卦等拳種。其實，不重外壯，專練意氣，以柔克剛之拳種，均謂之內家拳，均屬於武當門。而武當山自有其相傳之拳套及器械，但早年不大為人知道，近年來由於國家體育部門的重視，武當拳械陸續出現，發出了燦爛的光輝。

　　武當拳盤手20法屬於基本功的一類，簡單易學，可謂是築高樓爾為基石也。作者根據真傳，不揣淺陋，大膽寫出，亦拋磚引玉之意耳。

武當派的盤手理論

　　武當派的盤手，與其他內家拳如太極拳的推手，理論上

有相通的地方，也是鍛鍊攻防戰術，有實用意義。不過，目前以醫療保健為主，其次才是防身禦侮。這種兩人盤手，相距甚近，不能使力用招傷害對方，故如拳打、腳踢、肘頂、指戳等，一概在禁止之列。

武當拳的盤手，不以力勝，專講技巧。在理論上有許多原則和規律，足以指導實踐的。初學者應當遵守。茲擇下列數端，略加簡述，不當之處，敬乞高明指正。

1. 立身中正的原則

盤手時直身豎項，則精神提得起。立身不偏不倚，下盤自然穩固，不易被對手所牽動。

2. 人剛我柔、我順人背的原則

人剛我亦剛，謂之「頂」。兩剛相遇，力大者勝，不是內家拳。人以剛來，我以柔接。這裡「柔」字不是軟弱，聽人擺布。柔裡有黏勁，使對方剛勁發不出，而又脫不了身，反而受了我的控制。至於身法，則我應常處於順勢，而使對方處於背勢。若對方處於順勢，我應想法使其轉順為背。

3. 捨己從人的原則

內家拳法的使用上，最忌主觀。客觀的情況和主觀的願望，往往有一段距離。如我善用某一手法，非常熟練，自信一出手，對方必定傾跌。豈知我一出手，對方一轉腰，我的力被化去了，這是出乎我的意外的，也是我知己而不知彼的結果。我不應主觀，而應等待對方先出手，從而我根據情況，立即作出反應。所謂隨機應變，因物反應是也。

4. 後發先至的原則

內家拳盤手，不搶先出手發人，等對方出手剛勁打來，我先以柔勁接住；等對方的力將近我身時，我則發我之力；

彼力已出，不及收回；於是我力加彼力，一起回到對方身上，彼便立足不穩。我力在後發而先到達彼身，所以謂之「後發先至」。

5. 借人之力的原則

一個身體重不過百斤之矮小身材的人，能夠利用技巧，將一個身材高大，體重達 80 公斤的人，拋出於數步之外，其關鍵即在於借他的力。力大者向力小者身前直衝，如果力小者被打著是夠厲害的。但力小者以黏勁黏住了力大者。力大者向力小者發勁，力小者一轉腰身，力大者的力落空了。此為化勁。力小者再順著力大者力的行走方向，再加一點力以捋他，是為「合力」，則力大者必然依照物體慣性的規律而向前傾跌。

善於借人之力者，必須具備虛實分明、腰腿靈活、反應迅速等長處，否則是不易辦到的。故借他之力是武當拳法中較為重視的勁路之一，習者必須明察。

武當盤手 20 法

　　武當派盤手20法，是武當拳法組成部分，它是研究徒手技擊為主的一種競技運動，也是強身健魄的一種鍛鍊方法。

　　自明代迄今，數百年來，內家拳不斷有所發展，有所創新。自從創造了盤手之後，提高了人們練習武當拳的興趣。實踐證明，歷代內家拳名家總結的言簡意賅的內家拳技擊理論，大都涉及了盤手技擊要領，從而也豐富了各派內家拳的套路內容。

　　武當派盤手功過去一直不肯輕傳，使這份文化遺產長久埋藏。現為了響應國家體育部門對傳統拳種挖掘整理的號召，我們把得到的珍如拱璧的寶貴拳術套路整理出來，上對得住先祖，完成他們遺願，下對得起後代，使之發揚壯大，為全民健身貢獻我們的力量。

　　武當派盤手功共有20勢，是兩人對練的一種拳路。惟第一勢是「單操」盤法。第一勢盤手單操，其他動作都是兩人研究對練，本盤手傳自武當山，經李景林大師不斷完善，把它整理出來。兩人相互習練，能夠思想集中，對防病健身有顯著效果。現分述如下：

1. 盤手單操法

(1) 預備勢

立正姿勢，頭正身直，兩腳跟並齊，兩腳尖分開約60°，虛靈頂勁，舌抵上腭，目光平視，鼻尖和神闕穴成一條線，兩手下垂，自然放鬆，（意想）腳心踏地，自然呼吸（圖1）。

(2) 動作一：掤勢

承上勢，右腳向右前方上步，右腳跟同左腳跟基本成一條線，左腿膝部微屈，身體微下蹲，同時右手向右前方伸出成仰掌；左手也隨右手向右前方伸出成俯掌。左手大拇指對準右臂的「少海」穴位（圖2）。然後雙掌一陰一陽向左方掤移，在掤移過程中，要轉動腰胯。雙掌向左掤至左腿的膝蓋部位時，即變「擠」勢（圖3）。

(3) 動作二：擠勢

承上勢，右臂向下畫弧與肩平，右肘屈成弓形，左臂向內旋轉放於右臂的裡邊（圖4）。然後雙臂用平擠方法向右方平擠。平擠時也要向右轉動腰胯，然後成右弓步型，目視雙臂（圖5）。

(4) 動作三：捋勢

承上勢，右手的小指翻上帶動右前臂內旋，五指向前直

圖1

圖 2

圖 3

圖 4

圖 5

伸（尺骨向上），左手掌心向內，前臂向上外旋伸，小指高與鼻平（圖6）；雙手同時向左方捋移，目隨捋轉（圖7）。然後變「按」勢。

（5）動作四：按勢

承上勢，雙掌同時向外翻掌平落，齊於胸部，中指相對，掌心向下（圖8）；向右平按，平按時用腰胯轉動（圖9）；按至右腿的膝蓋部位，右手翻掌心朝上向右前方伸出，左手隨之向右前方伸出，還於「掤勢」（圖10）。如此循環練習，次數不拘，右勢練完，還可以用左勢練習。

（6）收勢

承上勢，掤、擠、捋、按練完後，如不再練習，則可接掤勢，雙手翻掌心向下（圖11），同時由胸前下按分落於兩體側成收勢（圖12）。

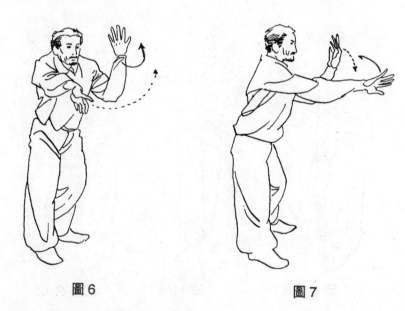

圖6　　　　　　　　　　　　　　圖7

圖 8

圖 9

圖 10

圖 11

圖 12

【要點】：單操中的掤、擠、捋、按動作，均須以腰胯為軸轉動，尾閭正直，形與神合一。

2.單盤腕法

（1）預備勢

甲乙兩人對面站立，相距一大步左右，各自頭頂百會穴，虛頂，氣則沉至下丹田（即臍下一寸三分處），不可憋氣，肩、肘、腕三節鬆開（圖13）；各伸右手相搭，即甲的腕部緊貼乙的腕部。各向前伸右（左）足，前虛後實（圖14）。

（2）動作一

甲弓步，前腿弓出，用右腕壓住乙的右腕，走一弧形，向乙之胸腹部切送盤推（圖15）。

圖13

圖 14

圖 15

（3）動作二

乙當甲壓腕盤送將近乙之腰部時，急忙翻腕，同時轉腰坐胯，仍然用腕部壓住甲腕（圖16），沿一弧形，向甲之胸前送去（圖17）。甲再用前法向乙盤推（圖18），彼此往來循環，各做數十次為止。

圖16

圖17

圖 18

【要點】：

①彼此兩腕不能鬆開。

②不能讓對方觸及胸部。

③用沾黏勁，不能用剛勁。

④左右手均要練習，不可偏廢一側。

3. 掤按盤法

（1）預備勢

同上「單盤腕」之（1）。

（2）動作一

甲用弓步，弓前腿，甲用與乙腕部相搭之手，手臂向前平掤，手心對準乙之胸部，走一弧形，向乙之胸前按去（圖19）。

圖 19

（3）動作二

乙用坐腿承受，手臂向前平掤，手心對準自己胸部，用掤勁輕輕掤住甲之右腕（圖20）；等甲將要按至自己胸部時，微微向右轉腰，化去甲之按勁，同時翻右手手掌成陽掌，沿一弧形，反向甲胸部按去（圖21）。彼此一來一往，循環盤按化解。

【要點】：

①這一盤手法，專練腰部的化勁，所以不能讓對方的手觸及自己的胸部。

②化對方之勁時，不能用剛勁。

③左右手要輪換練習，不可偏廢一側。

④掤時手心對著自己身體，按時手心向著對方。

圖20

圖21

4.刁腕盤法

（1）預備勢

同上「單盤腕」。

（2）動作一

甲前弓步，右掌變拳，拳心朝上，乙之右掌也變拳，拳心朝下，甲以拳壓住乙之腕部向前盤送（圖22）。

（3）動作二

乙坐腿，用右腕部輕輕黏住甲之腕部，等甲腕已接近乙之腰部時，即右拳變掌反手向後方刁住甲之右腕，手型如圖23；隨後反掌為拳，拳心朝上，反頂壓住甲之右腕，向前盤送。然後甲再用乙的方法向乙刁腕盤送（圖24）。

圖22

【要點】：

①腕部相貼，不能離開。

②兩人動作，須向同一方向運動。

圖23

圖24

③兩腕攻化，須沾黏不鬆散。

④壓腕時用內勁，不用拙力。

⑤左右腕均須輪換練習。

5.搖腕盤法

（1）預備勢

同上「單盤腕」之（1）。

（2）動作

此式動作，比較簡單，即甲乙二人，兩手手腕相搭握拳後，彼此腕部緊緊相貼，各自搖動腕部。感覺疲勞時，則換步換手，做同樣動作（圖25～27）。

圖25

【要點】：

①兩腕部要相貼，不能鬆開。

②兩人動作，須朝著同一方向運動。

圖 26

圖 27

6. 壓臂盤法

（1）預備勢

同上「單盤腕」之（1）。

（2）動作一

甲弓腿沉氣，用內勁將右前臂下壓乙之右前臂，壓時勁隨氣到，柔中帶剛，不可純用剛勁，將乙臂一直壓到乙之膝蓋前（圖28）。

（3）動作二

乙當甲壓來時，立即坐步成馬步型承受。右臂緊貼住甲之右臂，不丟不頂，等到甲壓到自己膝蓋前時，即運用內勁，提氣將甲之右臂抬高至頭右側（圖29），然後再轉壓甲之前臂（圖30）。

圖28

【要點】：

①彼此下壓上抬，均不可用拙力。

②左右手輪換練習，以期同樣能夠得到鍛鍊和達到熟練。

③彼此壓抬，相互各做數十次。

圖29

圖30

7. 單纏臂盤法

（1）預備勢

甲乙二人順步對面站立，距離 30 公分左右，乙出右手，按於甲的左側鎖骨部位，甲提左肘，屈肘，肘尖朝上，貼於乙之右上臂旁（圖 31）。

（2）動作一

甲弓腿，用左上臂黏住乙右臂，向前伸纏（圖 32）；近乙身時，用左掌壓住乙之右鎖骨處（圖 33）。

（3）動作二

乙略坐襠成馬步，先抬肘反頂壓住甲之左臂，然後用前臂纏住甲臂，由下而翻上，用右掌反壓住甲之左鎖骨。動作如圖 31。如此往返纏練。

圖 31

圖 32

圖 33

【要點】：

①左右手均須操練。

②纏臂時須沾黏不放，不可鬆脫。

8. 單盤肘法

（1）預備勢

甲乙二人，面對面站立，各向前伸出右手腕相貼，各伸出左手扶按對方肘部（圖34）。

（2）動作一

甲（乙）弓步站，兩手按預備勢用肘直向乙（甲）胸右（左）側頂撞。

（3）動作二

乙（甲）坐腿，向右（左）轉腰，兩手黏住甲（乙）臂

圖34

向右（左）側轉化，使甲（乙）的頂撞落空。然後再用動作一的方法向甲（乙）進攻（圖35）。雙方交替攻化，是為單盤肘。

（4）動作三

當甲用肘擊撞乙之胸側，而被乙轉腰化解時，甲可將肘下垂，而翻上臂擊撞乙之胸右側，同時用自己左掌扶按自己上臂內側，以助撞擊之勢，可以將乙擊出。此名「擊變法」。

【要點】：

①盤肘時，往來各成 S 形。

②左右手互相交換盤推。

圖35

圖 36

9. 捋臂盤法

（1）預備勢

同上「單盤腕」之（1）。

（2）動作一

乙方弓腿伸掌向甲進攻時，甲用右手抓住乙之腕部，再用左臂由上向下捋乙之右臂（圖36），然後再向上用力擠擊（圖37）。甲捋擠時緊黏住乙之右上臂不脫離，向自己胸前捋來。捋後立即乘勢發擠勁，乙方每因失勢而跌出。

（3）動作二

當甲用捋擠盤法動作後，乙立即躍步至左面，用同樣動作還擊甲臂。如此甲乙雙方一來一往，循環練習，練習日久，增加臂力。

圖 37

【要點】：

①向內捋及向外擠時，兩手均握拳。

②前臂均須滾動，效果較好。

③捋及擠之間，不可停頓，否則發人不出。

④彼此換步換手再做同樣動作。

10. 雙拿腕盤法

（1）預備勢

甲乙二人，各成弓步對面站立，相距 33 公分左右，惟二人手相搭。

（2）動作一

甲弓腿步型，用兩手握住乙之兩手腕部，用食指根部壓按乙之腕部「養老穴」處，用內勁向前向下推按，直推至乙

圖 38

之襠前（圖38）。

（3）動作二

乙則雙手五指撐開，用內勁提氣，將甲之雙手往前往上鑽提，以化解甲之推按（圖39）。彼此上下盤推，成一弧形圓圈。

【要點】：

①彼此按推上提，均用剛中帶柔、柔中有剛之勁。

②彼此手腕接觸之處，均不能鬆開。

③向上鑽提時，五指必須撐開，方能得力。

圖 39

11. 雙抓腕盤法

（1）預備勢

甲乙二人，面對面各自馬步站立，相距 33 公分左右。

（2）動作

甲用右手，抓拿乙之右手腕部，隨即鬆開（圖 40）。乙則用左手，抓拿甲之左手腕部，隨即鬆開（圖 41）。抓拿時要用內勁，並緊扣腕向後拉拿，同時也要下扣腕。彼此各做數十次為止。

【要點】：

彼此抓拿，不可用大力緊緊抓住不放，要隨抓隨放。

圖 40

圖 41

12. 雙搨腕盤法

（1）預備勢

甲乙二人，面對面站立，相距一步左右。

（2）動作一

甲乙二人，各將兩臂向前伸出，如太極起勢。甲兩手掌心朝下，按住乙之手背，右腿弓步，向乙之身前搨去。搨時用手心向兩側分捻（圖42）。

（3）動作二

乙坐腿，承受甲之搨勁，然後雙掌分開，將掌翻至甲之手背上，再變弓腿步，搨按甲之雙掌（圖43）。

【要點】：

①雙方搨按時，均可用捻勁。

圖42

圖 43

②彼此掤按，走前後圓圈動作。

13. 雙盤肘法

（1）預備勢

同上「單盤腕」之（1）。

（2）動作一

甲弓腿步，用右肘向乙胸部右下擊撞。再左手上右手下，向乙胸左下擊撞（圖44）。

（3）動作二

乙坐腿，先轉腰向右，化去甲向右之擊撞，再轉腰向左，化去甲向左之擊撞（圖45）。

（4）動作三

乙在化去甲之左、右擊撞後，再依照甲的方法，向甲左

圖44

圖45

右兩側進攻（圖46）。

（5）動作四

甲乙雙方各用肘撞擊一次後，然後轉圈換手，再各用肘撞擊。第一次甲用右肘向乙撞擊，乙也用右肘向甲撞擊。轉圈後乙向甲用左肘撞擊，甲也用左肘向乙撞擊。如此一來一往，循環盤肘（圖47～49）。

【要求】：

①雙盤肘走的是橫∞字形。

②左右手要互換推盤。

圖46

圖 47

圖 48

圖 49

14. 腕肘盤法

（1）預備勢

甲乙二人，面對面站立，甲右手腕緊貼乙右手腕，掌心朝裡，甲左手掌扶住乙右肘。乙右腕貼甲右腕，左掌扶甲右肘（圖50）。

（2）動作一

甲弓腿，雙手緊黏住乙之腕肘部，向前弧形盤切，直至乙之腰腹部（圖51）。

（3）動作二

乙坐腿轉腰走化，走化時彼此肘腕部緊黏不脫，在甲盤切乙至腰腹部時，乙化去甲勁，轉而用同樣方法向甲盤切（圖52）。

圖50

圖51

圖 52

【要點】：

①任何一方，被對方推逼，實在化不開時，可用搬對方肘部之手，空出來從上面將對方之臂，向旁一帶，對方立即站立不穩，有傾跌之虞。

②左右手須輪換練習，不可偏廢。

15. 上下搨腕法

（1）預備勢

甲乙二人，面對面站立，相距約 30 公分。各將兩手向前平伸，如太極起勢。

（2）動作一

乙將兩手掌放在甲的兩手腕部上（圖 53），然後左手上右手下，或右手上左手下，向甲上下交叉搨按。

（3）動作二

圖 53

圖 54

　　甲將手掌翻到乙手腕部上，照乙的方法向乙揚按（圖
54），各做數十個動作。

【要點】：

①彼此手掌，須貼牢對方腕部，不可鬆脫。

②一方主動，一方被動，須相互配合。

16. 掤捋擠按盤法

（1）預備勢

甲乙二人面對面站立，各出右（左）手，以腕背部相貼；兩人左（右）手，以手掌扶住對方肘關節。兩人各出右（左）腳，成前虛後實步（圖55）。

（2）動作一

承上預備勢，乙弓腿進身，雙手向甲方按去。甲則用掤勁化去乙之按勁。隨即用捋勁將乙之右臂下捋（圖56-1、圖56-2）。

圖55

圖 56-1

圖 56-2

（3）動作二

當甲用捋法捋乙右臂時，乙馬上向右轉腰，右手屈臂回收，左手放於右臂裡邊，左手掌心向甲方胸前用擠法擠甲之胸部，使甲失去重心（圖57）。

（4）動作三

當乙用擠法時，甲速含胸拔背，用雙手按乙之兩前臂，向下按去乙之擠勁，再向乙之胸前按去（參見圖56-1）。

（5）動作四

當甲用按法，乙即用掤法化去甲之按勁。乙重複甲的動作，甲重複乙的動作，彼此反覆循環，運用掤捋擠按四法攻防（圖55～57）。

【要點】：

①兩人掤捋擠按盤手，動作須輕靈，不可用拙力。尤其

圖57

不可使用能傷害對方的動作。

②弓腿時膝蓋不可超過腳尖，坐腰時要鬆腰鬆胯。

③左右手及足均須輪換練習。

附：掤捋擠按盤手歌訣

☆你按我時我掤捋，你捋我時我用擠（或靠）；

　你擠我時含胸按，你按我時我用靠。

☆丟左不丟右，顧盼裡邊求；

　中心掌得穩，定勢氣勿囚。

17. 大捋大靠盤法

（1）預備勢

甲乙二人，面對面站立，各出右手，以腕背相貼（圖58），各將左手扶按對方肘部。

圖58

（2）動作一

甲右腳後退一大步，雙手將乙右臂向右後方採捋（圖59）。

（3）動作二

乙急上右腳，位於甲之左腳處（參看圖59），再上左腳，位於甲之襠前（圖60）；再上右步，插入甲襠內，同時以左手扶住自己右手肘彎，乘勢向甲擠靠（圖61）。

（4）動作三

甲見乙擠來，急提右腳，向前上右腳，踏在乙右腳外側，鎖住乙右腳，同時伸右臂，用捌勁向乙左頸部切去（圖62、圖63）。

【註】：圖63為圖62之正面圖

圖59

圖 60   圖 61

圖 62   圖 63

（5）動作四

乙見甲用捌勁切來，急
提左腳踏在甲右腳後方，再
提起右腳，向後斜退一大
步，同時乘勢以右手抓住甲
之右腕，左手握拳按於甲之
右肘向右後方採捋（圖
64、圖 65）；此時甲稍右
轉體再上左腳跟上，又將右
腳插入乙襠，並向前擠靠
（圖 66、圖 67）。乙見甲
擠來，急提右腳踏在甲右腳
前，同時用捌勁向甲頸部切

圖 64

圖 65

圖 66

圖 67

圖 68

去（圖68）。如此甲可重複動作四乙之動作，循環不斷練
習。

（6）動作五

甲乙練完後，各回到起勢位置收勢。

【要點】：

①大将大靠盤手步法為進三步退二步。

②此種盤手，走的是四斜角。

③大将大靠盤手步法，左右兩方均要變換練習，即上左
步或上右步，退左腳或退右腳，交替練習，以求熟練。

18. 活步盤手法

（1）預備勢

同上述的「掤捋擠按盤法」（圖69、圖70）。

圖 69

圖 70

（2）動作

此盤手法形式非常自由。甲乙兩方，一方為主動，一方為被動；如甲為主動，則乙為被動。甲進則乙退，甲退則乙進。步法多少不拘，可以翻身換手，多走Ｓ形。如乙為主動，則甲亦隨乙而進退。走動時亦可使用掤、捋、擠、按等手法或隨勢發勁，而步法則更為靈活多樣（圖71～74）。

【註】：此法靈活多變，無固定招勢，故僅列數圖供參考。

【要點】：

①兩人進退走動時，要求彼此手臂沾黏不脫。

②兩人進退，須嚴密配合，不能慌亂。

③甲乙兩方，輪換練習，互為主、被動。

圖71

圖 72

圖 73

圖74

19. 鎖肘盤法

（1）預備勢

同上「掤捋擠按盤法」。

（2）動作一

甲乙二人，先按「掤捋擠按盤法」盤過一圈（圖75），當甲將乙臂向身右後方捋時（圖76），即用右手輕採住乙右手腕，隨即再鎖住乙右肘（圖77），然後伸右手，卡壓乙左肩頸部（圖78①、圖78②）。

【要點】：

①左右手須交替使用。

②卡壓不可使用大力。

圖 75

圖 76

圖77

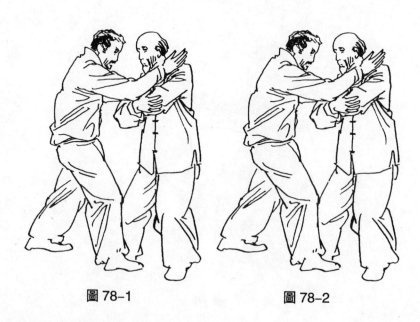

圖78-1　　　　　圖78-2

20. 擒臂盤法

（1）預備勢

同上「掤挒擠按盤法」。

（2）動作一

兩人盤手（圖79），當甲方用右手盤推至乙左肩時，乙即含胸坐腿，用左手由懷內向上翻出，採住甲的左手腕（圖80~82），同時右手手心朝上，抄至甲右上臂下（圖83），兩手同時將甲的右臂沿弧形輕輕向右外一帶（圖84）。甲方此時腳跟即已浮起，被帶出數步以外。

（3）動作二

若甲方足跟不動，乙即用左手在甲背部一撥，甲必然站不穩。

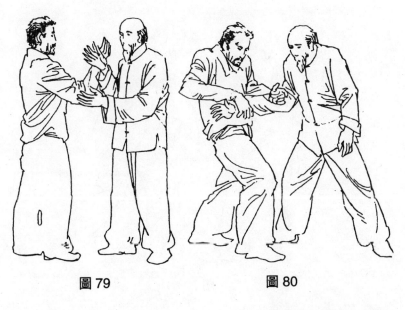

圖79   圖80

圖 81

圖 82

圖 83

圖 84

【要點】：

①兩人應互換練習。

②左右手替換練習。

③動作須輕靈，使對方不及抵抗。

大展出版社有限公司
品冠文化出版社

圖書目錄

地址：台北市北投區（石牌）　　電話：(02) 28236031
　　　致遠一路二段 12 巷 1 號　　　　　28236033
郵撥：01669551＜大展＞　　　　　　　　28233123
　　　19346241＜品冠＞　　　　傳真：(02) 28272069

・少 年 偵 探・品冠編號 66

1.	怪盜二十面相	（精）	江戶川亂步著	特價	189 元
2.	少年偵探團	（精）	江戶川亂步著	特價	189 元
3.	妖怪博士	（精）	江戶川亂步著	特價	189 元
4.	大金塊	（精）	江戶川亂步著	特價	230 元
5.	青銅魔人	（精）	江戶川亂步著	特價	230 元
6.	地底魔術王	（精）	江戶川亂步著	特價	230 元
7.	透明怪人	（精）	江戶川亂步著	特價	230 元
8.	怪人四十面相	（精）	江戶川亂步著	特價	230 元
9.	宇宙怪人	（精）	江戶川亂步著	特價	230 元
10.	恐怖的鐵塔王國	（精）	江戶川亂步著	特價	230 元
11.	灰色巨人	（精）	江戶川亂步著	特價	230 元
12.	海底魔術師	（精）	江戶川亂步著	特價	230 元
13.	黃金豹	（精）	江戶川亂步著	特價	230 元
14.	魔法博士	（精）	江戶川亂步著	特價	230 元
15.	馬戲怪人	（精）	江戶川亂步著	特價	230 元
16.	魔人銅鑼	（精）	江戶川亂步著	特價	230 元
17.	魔法人偶	（精）	江戶川亂步著	特價	230 元
18.	奇面城的秘密	（精）	江戶川亂步著	特價	230 元
19.	夜光人	（精）	江戶川亂步著	特價	230 元
20.	塔上的魔術師	（精）	江戶川亂步著	特價	230 元
21.	鐵人Q	（精）	江戶川亂步著	特價	230 元
22.	假面恐怖王	（精）	江戶川亂步著	特價	230 元
23.	電人M	（精）	江戶川亂步著	特價	230 元
24.	二十面相的詛咒	（精）	江戶川亂步著	特價	230 元
25.	飛天二十面相	（精）	江戶川亂步著	特價	230 元
26.	黃金怪獸	（精）	江戶川亂步著	特價	230 元

・生 活 廣 場・品冠編號 61

1.	366 天誕生星	李芳黛譯	280 元
2.	366 天誕生花與誕生石	李芳黛譯	280 元
3.	科學命相	淺野八郎著	220 元

1. 脂肪肝四季飲食	蕭守貴著	200元
2. 高血壓四季飲食	秦玖剛著	200元
3. 慢性腎炎四季飲食	魏從強著	200元
4. 高脂血症四季飲食	薛輝著	200元
5. 慢性胃炎四季飲食	馬秉祥著	200元
6. 糖尿病四季飲食	王耀獻著	200元
7. 癌症四季飲食	李忠著	200元

・彩色圖解保健・品冠編號64

1. 瘦身	主婦之友社	300元
2. 腰痛	主婦之友社	300元
3. 肩膀痠痛	主婦之友社	300元
4. 腰、膝、腳的疼痛	主婦之友社	300元
5. 壓力、精神疲勞	主婦之友社	300元
6. 眼睛疲勞、視力減退	主婦之友社	300元

・心 想 事 成・品冠編號65

1. 魔法愛情點心	結城莫拉著	120元
2. 可愛手工飾品	結城莫拉著	120元
3. 可愛打扮 & 髮型	結城莫拉著	120元
4. 撲克牌算命	結城莫拉著	120元

・熱 門 新 知・品冠編號67

1. 圖解基因與 DNA	（精）	中原英臣 主編	230元
2. 圖解人體的神奇	（精）	米山公啟 主編	230元
3. 圖解腦與心的構造	（精）	永田和哉 主編	230元
4. 圖解科學的神奇	（精）	鳥海光弘 主編	230元
5. 圖解數學的神奇	（精）	柳谷晃 著	250元
6. 圖解基因操作	（精）	海老原充 主編	230元
7. 圖解後基因組	（精）	才園哲人 著	

・法律專欄連載・大展編號58

台大法學院　　法律學系／策劃
　　　　　　　　法律服務社／編著

1. 別讓您的權利睡著了(1)	200元
2. 別讓您的權利睡著了(2)	200元

・武 術 特 輯・大展編號10

1. 陳式太極拳入門	馮志強編著	180元

46. <珍貴本>陳式太極拳精選　　　　馮志強著　280 元
47. 武當趙保太極拳小架　　　　　　鄭悟清傳授　250 元
48. 太極拳習練知識問答　　　　　　邱丕相主編　220 元
49. 八法拳　八法槍　　　　　　　　武世俊著　220 元

・彩色圖解太極武術・大展編號 102

1. 太極功夫扇　　　　　　　　　　李德印編著　220 元
2. 武當太極劍　　　　　　　　　　李德印編著　220 元
3. 楊式太極劍　　　　　　　　　　李德印編著　220 元
4. 楊式太極刀　　　　　　　　　　王志遠著　220 元

・名師出高徒・大展編號 111

1. 武術基本功與基本動作　　　　　劉玉萍編著　200 元
2. 長拳入門與精進　　　　　　　　吳彬　等著　220 元
3. 劍術刀術入門與精進　　　　　　楊柏龍等著　220 元
4. 棍術、槍術入門與精進　　　　　邱丕相編著　220 元
5. 南拳入門與精進　　　　　　　　朱瑞琪編著　220 元
6. 散手入門與精進　　　　　　　　張　山等著　220 元
7. 太極拳入門與精進　　　　　　　李德印編著　280 元
8. 太極推手入門與精進　　　　　　田金龍編著　220 元

・實用武術技擊・大展編號 112

1. 實用自衛拳法　　　　　　　　　溫佐惠　著　250 元
2. 搏擊術精選　　　　　　　　　　陳清山等著　220 元
3. 秘傳防身絕技　　　　　　　　　程崑彬　著　230 元
4. 振藩截拳道入門　　　　　　　　陳琦平　著　220 元
5. 實用擒拿法　　　　　　　　　　韓建中　著　220 元
6. 擒拿反擒拿 88 法　　　　　　　韓建中　著　250 元
7. 武當秘門技擊術入門篇　　　　　高　翔　著　250 元
8. 武當秘門技擊術絕技篇　　　　　高　翔　著　250 元

・中國武術規定套路・大展編號 113

1. 螳螂拳　　　　　　　　　　　　中國武術系列　300 元
2. 劈掛拳　　　　　　　　　　　　規定套路編寫組　300 元
3. 八極拳　　　　　　　　　　　　國家體育總局　250 元

・中華傳統武術・大展編號 114

1. 中華古今兵械圖考　　　　　　　裴錫榮　主編　280 元
2. 武當劍　　　　　　　　　　　　陳湘陵　編著　200 元

3. 梁派八卦掌（老八掌）　　　　　李子鳴 遺著　220 元
4. 少林 72 藝與武當 36 功　　　　裴錫榮 主編　230 元
5. 三十六把擒拿　　　　　　　　佐藤金兵衛 主編　200 元
6. 武當太極拳與盤手 20 法　　　　裴錫榮 主編　220 元

・少 林 功 夫・大展編號 115

1. 少林打擂秘訣　　　　　　　　德虔、素法 編著　300 元
2. 少林三大名拳 炮拳、大洪拳、六合拳　門惠豐 等著　200 元
3. 少林三絕 氣功、點穴、擒拿　　　德虔 編著　300 元
4. 少林怪兵器秘傳　　　　　　　　素法 等著　250 元
5. 少林護身暗器秘傳　　　　　　　素法 等著　220 元
6. 少林金剛硬氣功　　　　　　　　楊維 編著　250 元
7. 少林棍法大全　　　　　　　德虔、素法 編著

・原地太極拳系列・大展編號 11

1. 原地綜合太極拳 24 式　　　　胡啟賢創編　220 元
2. 原地活步太極拳 42 式　　　　胡啟賢創編　200 元
3. 原地簡化太極拳 24 式　　　　胡啟賢創編　200 元
4. 原地太極拳 12 式　　　　　　胡啟賢創編　200 元
5. 原地青少年太極拳 22 式　　　胡啟賢創編　200 元

・道 學 文 化・大展編號 12

1. 道在養生：道教長壽術　　　　　郝勤 等著　250 元
2. 龍虎丹道：道教內丹術　　　　　　郝勤 著　300 元
3. 天上人間：道教神仙譜系　　　　黃德海著　250 元
4. 步罡踏斗：道教祭禮儀典　　　　張澤洪著　250 元
5. 道醫窺秘：道教醫學康復術　　　王慶餘等著　250 元
6. 勸善成仙：道教生命倫理　　　　　李 剛著　250 元
7. 洞天福地：道教宮觀勝境　　　　沙銘壽著　250 元
8. 青詞碧簫：道教文學藝術　　　　楊光文等著　250 元
9. 沈博絕麗：道教格言精粹　　　　朱耕發等著　250 元

・易 學 智 慧・大展編號 122

1. 易學與管理　　　　　　　　　余敦康主編　250 元
2. 易學與養生　　　　　　　　　劉長林等著　300 元
3. 易學與美學　　　　　　　　　劉綱紀等著　300 元
4. 易學與科技　　　　　　　　　董光壁著　280 元
5. 易學與建築　　　　　　　　　韓增祿著　280 元
6. 易學源流　　　　　　　　　　鄭萬耕著　280 元
7. 易學的思維　　　　　　　　　傅雲龍等著　250 元

| 8. 周易與易圖 | 李　申著 | 250元 |
| 9. 中國佛教與周易 | 王仲堯著 | 元 |

・神 算 大 師・大展編號 123

1. 劉伯溫神算兵法	應　涵編著	280元
2. 姜太公神算兵法	應　涵編著	280元
3. 鬼谷子神算兵法	應　涵編著	280元
4. 諸葛亮神算兵法	應　涵編著	280元

・秘傳占卜系列・大展編號 14

1. 手相術	淺野八郎著	180元
2. 人相術	淺野八郎著	180元
3. 西洋占星術	淺野八郎著	180元
4. 中國神奇占卜	淺野八郎著	150元
5. 夢判斷	淺野八郎著	150元
6. 前世、來世占卜	淺野八郎著	150元
7. 法國式血型學	淺野八郎著	150元
8. 靈感、符咒學	淺野八郎著	150元
9. 紙牌占卜術	淺野八郎著	150元
10. ESP 超能力占卜	淺野八郎著	150元
11. 猶太數的秘術	淺野八郎著	150元
12. 新心理測驗	淺野八郎著	160元
13. 塔羅牌預言秘法	淺野八郎著	200元

・趣味心理講座・大展編號 15

1. 性格測驗（1）探索男與女	淺野八郎著	140元
2. 性格測驗（2）透視人心奧秘	淺野八郎著	140元
3. 性格測驗（3）發現陌生的自己	淺野八郎著	140元
4. 性格測驗（4）發現你的真面目	淺野八郎著	140元
5. 性格測驗（5）讓你們吃驚	淺野八郎著	140元
6. 性格測驗（6）洞穿心理盲點	淺野八郎著	140元
7. 性格測驗（7）探索對方心理	淺野八郎著	140元
8. 性格測驗（8）由吃認識自己	淺野八郎著	160元
9. 性格測驗（9）戀愛知多少	淺野八郎著	160元
10. 性格測驗（10）由裝扮瞭解人心	淺野八郎著	160元
11. 性格測驗（11）敲開內心玄機	淺野八郎著	140元
12. 性格測驗（12）透視你的未來	淺野八郎著	100元
13. 血型與你的一生	淺野八郎著	160元
14. 趣味推理遊戲	淺野八郎著	160元
15. 行為語言解析	淺野八郎著	160元

·青 春 天 地· 大展編號 17

・健 康 天 地・大展編號 18

國家圖書館出版品預行編目資料

武當太極拳與盤手20法／裴錫榮　主編
——初版，——臺北市，大展，2003年〔民92〕
面；21公分，——（中華傳統武術；6）
ISBN 957-468-225-0 （平裝）

1.太極拳
528.972　　　　　　　　　　　　92007376

武當太極拳與盤手20法　　ISBN 957-468-225-0

主　　編／裴錫榮
協 編 者／施祖谷、韓明華、孫詩、吳忠賢
繪 圖 者／申大瑋
責任編輯／趙振平
發 行 人／蔡森明
出 版 者／大展出版社有限公司
社　　址／台北市北投區（石牌）致遠一路2段12巷1號
電　　話／（02）28236031‧28236033‧28233123
傳　　眞／（02）28272069
郵政劃撥／01669551
E - mail／dah_jaan@pchome.com.tw
登 記 證／局版臺業字第2171號
承 印 者／高星印刷品行
裝　　訂／協億印製廠股份有限公司
排 版 者／弘益電腦排版有限公司
初版1刷／2003年（民92年）7月

定　價／220元

●本書若有破損、缺頁敬請寄回本社更換●

大展好書　好書大展
品嘗好書　冠群可期

大展好書　好書大展
品嘗好書　冠群可期